湛庐CHEERS

与最聪明的人共同进化

HERE COMES EVERYBODY

CHEERS
湛庐

LEADING MATTERS

要领

斯坦福校长
领导十得

Lessons from
My Journey

[美] 约翰·汉尼斯 著
John L. Hennessy

杨斌等 译

浙江教育出版社·杭州

扫码获得“湛庐阅读”App，

搜索“要领”，

解锁约翰·汉尼斯对中国读者说的话。

汉尼斯教授是科技界多种角色成功的杰出典范。

我本人与他在斯坦福大学曾经共事 10 年，从书中更领会到他坦然分享的多年经验与宝贵哲理。充满趣味与智慧的叙述，读来令人难以释卷。这是一本新时代的励志经典，特别推荐给业界领袖及有志青少年，希望他们从书中得到启迪。

姚期智

图灵奖得主，中国科学院院士，
美国科学院外籍院士，清华大学交叉信息研究院院长

汉尼斯校长是杰出的计算机科学家、成功的企业创立者和世界一流大学卓越的领导人。他的非凡成就离不开他对领导规律的严格遵循和有效应用。本书是他近 20 年做领导的心得。每一项心得都用他亲身经历的事例写成，读来生动富

有说服力，令人爱不释手。这是一本多年来少见的领导力宝典，值得反复阅读体会。

方星海

中国证券监督管理委员会副主席

集“图灵奖得主、创业家、大学校长、非营利组织负责人”于一身的约翰·汉尼斯，让我们有机会从更深层次来解读硅谷创新的密码。他受教、施教于斯坦福大学，并在硅谷心脏执掌这座举世瞩目的“创新引擎”长达16年之久。可以说，汉尼斯是硅谷创新文化的受益者，更是硅谷创新生态的重要塑造者之一。这“十得”朴实无华，却富含深意。特别是，对于科技企业的领导者来说，我们不但需要思考如何“谦逊地尽己所能”，实现“服务型领导”，更要具有同理心和勇气，深刻理解并特别关切我们社会中“深嵌人性而不能被算法替代的”部分。我想，这也是腾讯倡导“科技向善”的题中之意，希望与大家齐读共勉。

马化腾

腾讯公司董事会主席兼首席执行官

感谢清华大学杨斌老师把《要领》一书的中文版带给大

家。作为一名杰出的科学家、管理者，汉尼斯先生对服务型领导力的体悟令人印象深刻，我也从阅读中收获颇丰。希望《要领》在国内面世之后可以影响到尽可能多的人，它适合每一个对未来有追求、对社会有责任感的读者。

姚明
中国篮球协会主席

约翰·汉尼斯被称为“硅谷教父”，无论在学术界和工业界都是大神一样的存在。

我刚到美国时学的第一门课的教材《计算机体系结构》（*Computer Architecture*）就是约翰·汉尼斯根据自己的博士论文研究写的，他在当时颠覆了整个美国的计算机教育。他后来参与创办的美普思科技公司把整个计算机行业带到了一个新水平。后来他又成为思科和谷歌的董事，之后又回到斯坦福做工程学院院长和校长。他的这些经历使得他对工业界和学术界的领导力都有深刻的理解。

这本书读起来感觉非常贴近现实，一点都不理论、不空洞。他在很多方面的见解都给了我启发与共鸣，尤其是怎么创业、怎么做学校和工业界的合作、怎么领导团队，我在很多地方深有同感。

他在书中特别阐述了领导者的价值观，以及要用正确的价值观来领导团队，这是我觉得自己过去几十年在工业界和投资界走下来非常受用的一条。他对于创新创业、对于产学研结合都有很深刻的理解，因此给出的关于领导力的建议可操作性极强。

本书英文原著很口语化，亲切可读，中文翻译也精致准确，堪称大师之作。我高度推荐这本书，相信不论你是做什么行业、处于什么位置，都可以从这本书上学到很多东西。

邓锋

北极光创投创始合伙人

越是身居高位，越是需要学习。斯坦福大学原校长汉尼斯的故事告诉我们：不是所有的阅读者都能够成为卓越的领导者，但是所有的卓越领导者都一定是有着毕生阅读习惯的阅读者。这本书结合汉尼斯担任斯坦福大学校长 16 年的经历以及创办美普思科技公司的过程，概括出领导力的重要内涵：谦逊、本色与信任、服务精神、同理心、勇气、合作与团队配合、创新、求知欲与终身学习、讲好故事。每一项内涵的论述都是情理交融，充满哲理的。如在讲到谦逊品质时，汉尼斯提出，自信是领导力的核心，但谦逊是自信的核心：“傲慢会蒙蔽我们的双眼，谦逊才能让我们对自己的能力和特质有真实的认知。”他认为，谦逊的品质决定了一个人不断成长的能力。要时刻记住："成功包含幸运的成分；你不是房间里面最聪明的人。"

朱永新
新教育实验发起人，《未来学校》作者

人生有许多理念、方法和思路，仅仅知道是没有力量的，只有 " 行动 " 才有力量。斯坦福原校长约翰·汉尼斯的《要领》一书体现了他思想与实践有机结合的领导力之旅，给读者以震撼的力量。这本书一定会成为一本领导力领域的经典之作，相信会让现在和未来的领导者从书中获益。看的是朴素道来的文字，读的是持续变化着的世界……

孟晓驷
文化部原副部长

汉尼斯是图灵奖得主，也是我们计算机领域杰出的领袖。多年来，他富于感染力的思想、对技术的执着追求和培养年轻学生的热情，让我受益良多。在这部著作中，汉尼斯毫无保留地将他的领导智慧分享出来，既有如何学会叙事讲理的实用技巧，也有要谦逊为人的价值观。无论是处在哪个职业阶段的领导者，都可以从中得到要领。未来的领导者所需要的，不仅是技术能力和商业头脑，更重要的是拥有勇气和同理心这些能经受住时间考验的仁德。

沈向洋

微软公司执行副总裁，美国工程院外籍院士

约翰·汉尼斯是杰出的学者、企业家和优秀的领导者，感谢他在书中与我们分享他从不同的人生经历中获得的宝贵经验。尤其是他展示了优秀领导者除了聪明和专业以外的重要一面：谦逊和同理心。这是领导者持续学习和进步的动力，也是促进他们为社会持续创造价值的重要因素。我也从他的故事中看到商业与学术合作共生所能迸发出的巨大力量，这也是我们正在探索的。一本难得的好书，朴实无华，很有味道，值得不同年龄、职业的朋友都读一读、想一想。

杨惠妍

碧桂园集团董事会联席主席，国强公益基金会荣誉会长

作为我就读斯坦福大学工程学院时的院长，以及后来任职长达 16 年的大学校长，汉尼斯先生是一位杰出的教育家、学者和成功的企业家，他亲自推动了斯坦福大学和硅谷在互联网时代的交相辉映，使它们共同成为世界科技创新最耀眼的中心之一。本书是他人生的思考和轨迹，也让我们近距离地了解

硅谷及诸多传奇创业者，相信不同背景、不同年龄但同样为事业成功或服务社会而奋斗着的读者，都能受到启发和鼓舞。

周云帆
科技部信息中心主任

领导力是什么？说到底，是能力、眼光、胸怀和勇气。

“领导”一词，在中文里有太多内涵，似乎是职位，是地位，是西装革履、光鲜亮丽的照片。但做过就知道，真正意义上的领导者，无一不是在泥泞中摔打，饱受折磨，独自忍受那些夜不能寐的苦、万箭穿心的痛。但到你登台的时候，仍旧精神抖擞、光彩夺目地出场罢了。

斯坦福大学汉尼斯校长的讲述，清华大学杨斌教授的翻译，让我们有幸看到汉尼斯校长这位硅谷传奇人物 40 年辉煌岁月背后一幕幕泥泞、痛苦的真实故事，和在这个过程中磨炼出来的能力、眼光、胸怀和勇气。

能力是练出来的，从小团队小事情开始，带着谦逊之心，从错误中反思和内化。

眼光是磨出来的，双脚扎根在真实的社区，眼睛看得到云端，方能把小事情放在大背景下思考，有方向和眼光。

胸怀是“无我”，是同理心，是服务，是知道你代表的并不是个人，而是组织的使命。

勇气是“真我”，是最内核的人性，是直面恐惧不放弃，是陷于困境时的向前一步。

最终，领导力之旅，是人类社会上演千年的英雄之旅。好的领导者，每天在无数平凡的小决定里见众生，见乾坤，显现人性里最耀眼的光芒。

感谢这本书让我们瞥见这光芒。

李一诺

一土教育创办人，麦肯锡前全球董事合伙人

老校长汉尼斯的这本关于领导力的书——《要领》大概是近年坊间有关领导力的书籍中最不贴近传统领导力理念的，但很可能是最接地气并且最容易被现职和未来的领导者们接受的一本书。

为什么我会做出这样的判断呢？原因有三。其一，汉尼斯校长的领导者历程多姿多彩，从大学教授、科技企业创始人、工程学院院长，到掌管与世界 500 强企业同等资产规模的顶级研究型大学的校长，这种历练所带来的睿智思考让他足以成为每个人的良师益友。也许您的事业如日中天，也许您的创业刚刚起步，也许您的职业生涯步履蹒跚，不管处在职业生涯逆流中的何处，读者都可以从汉尼斯校长的这本书中汲取营养、增长力量、厘清方向，可以说，人人都可以从这本书中受益。其二，本书并没有用晦涩的专业术语来诠释领导力的博大精深，而是用普通人做人做事的寻常理念来表明作为领导者所需要的性格特点、视野格局、行事原则、交流风格，通过阅读本书读者可以轻松地感知到这些领导力要素的重要性。其三，也要感谢汉尼斯校长平和、流畅的叙事风格，使我们在阅读此书时很像在听一位智者侃侃而谈，大有“听君一席话，胜读十年书”的感觉。此外，也要感谢杨斌老师领衔的翻译团队，使译文语言如实地反映了汉尼斯校长的语境和叙事风格，点个大赞！

程嘉树
斯坦福中心执行主任

汉尼斯的职业生涯多姿多彩，他是工程师、企业家，也是世界一流大学的校长。汉尼斯在《要领》一书中分享了他在领导力之旅中的深刻洞见，这是一本领导者必读的经典之作。

比尔·盖茨
微软创始人

汉尼斯激发我们思考如何培养自己的领导风格。他为我们剖析了领导力的基础，即同理心、勇气和服务于下属。

《要领》一书见解深刻，它告诉领导者们如何在顺境中自处，如何从逆境中走出来，它是未来杰出领袖的成长指南。

谢丽尔·桑德伯格
Facebook 首席运营官

书如其人：谦逊、同理心、勇气、智慧，这些正是汉尼斯所拥有的特质。本书也传递这样一个事实：成功的领导者不只是专业和自信的，更需要谦逊、同理心等特质。汉尼斯毫不保留地向读者分享他的经验，为培养下一代杰出领袖提供指引。

桑达尔·皮查伊
谷歌首席执行官

推荐序 1

领导者的伟大坚守

大卫·帕特森
图灵奖得主，
加州大学伯克利分校荣休教授

我很高兴能为好友约翰·汉尼斯的著作《要领》中文版作序。如果你担任一个组织的领导者，或是有志于此，汉尼斯应该是你最适合寻求建议的人。他从 2000 年接掌斯坦福大学起，便是美国最成功的大学校长；他也是一位杰出的企业家，担任谷歌母公司 Alphabet（全球最有价值的公司之一）的董事会主席；他还曾获得计算机科学界的诺贝尔奖——图灵奖。这个世界上恐怕没有第二个人能像他一样，同时在科学研究、大学管理、初创企业及大型公司管理方面都如此成功。

我与他已经相识 40 年，时不时地思考他成功的秘诀。这本书恰好解答了我的困惑，要是这本书能够在我事业刚起步时就出版那该多好！汉尼斯在书中说得很明白，要成为一名伟大的领导者，除了诚信和保持透明外，谦逊至关重要。当今的新闻充斥着那些领导者因不谦逊导致种种负面影响的报道，如果他们读过《要领》，也许就不会如此声名狼藉了。另外，伟大的领导者还有一个好习惯，就是如饥似渴地阅读名人传记，借鉴他人的成功与过失。他最喜欢的人物是亚伯拉罕·林肯，要是每个领导者都效仿林肯（或者汉尼斯），这个世界将会变得更加美好。

说起传记，让我们来了解下本书的作者汉尼斯。他出生时并不富裕，成长于纽约的一个爱尔兰天主教大家庭，年幼时就失去了母亲。他在纽约的一个小型天主教大学——维拉诺瓦大学（Villanova University）获得学士学位，而后在纽约州立大学（State University of New York）获得博士学位。虽然纽约州立大学在学术上无法与哈佛大学或麻省理工学院相提并论，但汉尼斯在校的表现实在是太过耀眼，以至于斯坦福大学出人意料地聘请了这位从“小学校”刚毕业的博士生。

这个注，斯坦福下赢了！汉尼斯很快就成长为计算机体系结构研究领域的全球领导者。在加入斯坦福大学 8 年后，他的研究促成了 MIPS 计算机系统的创立——汉尼斯创立的美普思科技公司（MIPS Computer Systems，后改名为 MIPS Technologies）后来以 4.06 亿美元的价格被收购。35 年后，MIPS 处理器每年的销售量仍然有近 10 亿。在创立美普思公司后，汉尼斯回到斯坦福大学从事研究工作，并与我合著了两本计算机体系结构领域的教材，这两本书至今仍被广泛使用。

这些经历为汉尼斯赢得了无数殊荣，包括美国计算机协会（ACM）颁发的、被誉为计算机科学领域诺贝尔奖的图灵奖，以及国际电气与电子工程师协会（IEEE）颁发的荣誉勋章。他是唯一一位同时荣获计算机科学和电气工程领域最高奖项的科学家。

在斯坦福大学工作时，汉尼斯并不满足于他取得的学术成就，还在学术管理之路上不断飞跃。他从担任计算机科学系主任到工程学院院长，再成为教务长，到最后就任校长，仅用了短短 7 年时间！汉尼斯作为斯坦福大学的第十任校长，也是该校有史以来第一位来自工程学领域的校长，他的任期长达 16 年，两倍于前任校长的时间。在他掌校期间，斯坦福的捐款翻了一倍，包括一个创下 62 亿美元记录的捐款运动。他用这些资金创建了多项跨学科计划，并为之配套修建了一些新建筑。也是在这期间，斯坦福的本科申请人数翻了一番，录取的竞争激烈程度首次超过哈佛大学。在斯坦福长达 125 年的历史中，汉尼斯被公认为最成功的校长，也被公认为美国过去 20 年来最好的大学校长。

汉尼斯在本书中分享了在自己令人惊叹的职业生涯历程中所收获的经验体会，来帮助他人走出一样的光辉之路。《要领》是一本再好不过的指南，希望你们能像我一样享受阅读此书，并从中收获多多。

推荐序 2

领导力的内涵

沃尔特·艾萨克森
《时代周刊》总编辑，
《史蒂夫·乔布斯传》作者

读完此书的人都不免有这样的遗憾：我为什么没能更早一点通读此书？在我们努力提升自我、成为领军人物的征程中，这本书会是那盏照亮前路的明灯。

约翰·汉尼斯无疑是当今最具创造力的领导者之一。他不仅学识渊博，而且极具智慧。在担任斯坦福大学校长期间，他展现了杰出的管理能力和领导远见。不仅如此，他还启迪、培养了一大批活跃在各行各业的领军人物。因此，他对领导力的内涵有着深刻的认识。

伟大的领导者们有着各自不同的特质，风格也各异。以美国的建国先驱为例，托马斯·杰斐逊和詹姆斯·麦迪逊富有学识；约翰·亚当斯和塞缪尔·亚当斯热情洋溢；乔治·华盛顿公正不阿，沉稳威严；本杰明·富兰克林则为人豁达，风趣幽默，善于将个性很强的领导者们齐聚起来、共谋协同合作。

基于个人经历和对他人的观察，汉尼斯从各式各样的领导风格中提炼出了领导力的 10 个核心原则。在本书中，他不仅会从理论的角度分析这些原则的内涵，也会通过讲述生动的案例和耐人寻味的故事，让这些原则鲜活生动。

他提出的第一个原则是谦逊。在汉尼斯身上这一特质最显著，也颇让人感到意外。在与他面对面接触以及阅读本书时，我能感受到汉尼斯拥有源于自信的果敢坚毅和出于谦逊的兼容并包。他总是能欣赏来自他人的不同意见，而这无疑是谦逊的一种表现。

我们常常认为伟大的领导者都要对自己的信念和决定坚

信不疑，我们甚至还认为他们或多或少会有些自负。事实上，自负而缺乏安全感可能是领导者身上最糟糕的特质的组合，这种组合却常常出现，尤其在政治领域。汉尼斯用他丰富的人生经历以及本书告诉我们，最伟大的领导者的配方恰恰相反，他们往往是谦逊的，胸有成竹却又虚怀若谷。

我曾写过关于阿尔伯特·爱因斯坦和史蒂夫·乔布斯的传记。与大众对他们的直观印象相左，他们也有着谦逊的品质。爱因斯坦的谦逊源于他对宇宙规律的敬畏之心。当一位来自纽约的六年级小女孩写信询问他对宗教的看法时，他曾这样回答："宇宙的规律彰显着一种超越人类的信仰和精神。因此，人类需要懂得谦卑。"乔布斯也很重视精神力量，他曾赴印度探寻佛道，虽然这没能让乔布斯去除急躁且霸道的脾气，但他也能聚精会神地倾听并全面深入地理解他人的意见。

本杰明·富兰克林曾说过，他自己从未真正获得谦逊的美德，但他一直努力刻意做出谦逊的样子，以便和他人更好地相处。这似乎"违背"了汉尼斯的第二个领导力原则——坚守本色。然而，就像莎士比亚笔下的霍尔王子（Princess Hal）一样，我们终将成为我们持久扮演的那个人。虽然我们很难从一开始就将某种美德变成自己的一部分，但这不影响我们学习如何在生活中体现这种美德，久而久之，我们最终也会在自己身上内化培养出这种美德。我发现这个规律也适用于汉尼斯提到的另一个领导力原则——勇气。作为一个传媒领域的领导者，我常惧怕承担风险。但是，在许多千钧一发的时刻，我被迫尝试克服恐惧，做到无所畏惧。渐渐地，自己也就变得更有勇气了。

谦逊是汉尼斯所描述的许多其他领导力原则的基础，例如同理心和领导者的服务意识。谦逊对于另一个领导力原则尤其重要，那就是合作。正如富兰克林在他的自传中提到的，表现出并习得谦逊的品质促使他倾听他人的意见、找到与他人的共同点，并与他人更好地合作。数字化时代的四个重大创新，即晶体管、计算机、微晶片和分组交换网络，都是研究团队通力合作的成果，而非产生于个体发明家的独立研究。我曾问过乔布斯，他最引以为傲的作品是什么。他的答案并不是苹果电脑或者苹果手机，而是他在苹果公司的团队。

汉尼斯也在本书中探寻了好奇心的重要性。在我所著的

《列奥纳多・达・芬奇传》(*Leonardo da Vinci*)中，也能看到好奇心如何引领达・芬奇成为一代美术大师。达・芬奇对于所有可求知的事物都抱有极大的好奇心。他也对探索新鲜事物充满着热情，这给他带去了无穷欢乐，让他十分着迷。他研究过解剖学、化石、艺术、建筑、音乐、鸟类、心脏、飞行器、光学、植物学、地质学、水文和兵器。如他所述，广泛的探索帮助他意识到了“自然界的所有事物”都是按照一些奇妙的规律被孕育的，并共同组成了一个完整的世界。在素描画《维特鲁威人》(*Vitruvian Man*)中，他描绘了一个男人在同一位置上的两种不同姿态，并以完美的比例将其嵌入一个圆形和一个矩形之中。这展现了这位史上最具创造力的天才贯通艺术与科学的卓越才能。广泛的好奇心是乔布斯、比尔・盖茨、杰夫・贝佐斯和汉尼斯这些领导者与众不同的地方。

汉尼斯在书中还提到一个很重要，但我却不曾预料到的领导力原则：讲好故事的本领。在我离开家乡路易斯安那州去往纽约，并开启我作为记者的职业之旅时，我的导师、小说家沃克・珀西(Walker Percy)告诉我：“路易斯安那州有两种人走向了更广阔的世界，会讲故事的人和牧师。去做个善于讲故事的人吧，因为这个世界已经有太多的牧师了。”

汉尼斯善于通过讲故事将他的理念和启示传达出去，这是本书的有趣之处。他认为懂得领导力就是在创建一种未来可以娓娓道来的经历。如果你知道怎么把故事讲好，你就能塑造那些经历。

校长的领导力讲义

杨斌
清华经管领导力研究中心主任

你正在读的，是一本讲义。

当汉尼斯说服奈特做出一生中最大一笔捐款时，奈特考虑再三表示了同意但附上了一个前提条件，那就是卸任校长后的汉尼斯仍得全身心地投入此事，而不只是在给捐赠项目"接生"之后抽身做个"与有荣焉分子"。

汉尼斯已经做好的袖手颔首计划只能作废，他不仅要把自己的名字加到项目名上去，还要亲自去栽培这些堂吉诃德与桑丘[①]的合体。选育出来的，不是优秀的绵羊[②]，或者精致式胜者，而是 20 多岁的“奈特”和“汉尼斯”们。

兑现承诺、亲任项目主任的汉尼斯决心倾囊相授，那就必须认真备课。他教的内容，不是为他赢得图灵奖的计算机体系结构前沿知识，不是他在硅谷成功创办或执掌卓越企业的经营经验，也不是常见的搭台邀请名人大家流水分享后做些点评。他教的，是他认为未来世界级栋梁成长最基础、最关键的——要领。

《要领》就是他给“要成为领导者”之新生代的领导力讲义，以自己“在事上磨”的真实案例来现身说法，总结自己“满脸污泥、汗水和血迹”[③]地在竞技场中拼搏的习得，

① 堂吉诃德和他的仆人桑丘·潘沙是西班牙文学巨匠塞万提斯在名著《堂吉诃德》中塑造的两个不朽的艺术形象。堂吉诃德不切实际的理想主义精神和桑丘讲求实际又目光短浅的性格形成鲜明的对比，两个人物合体可以比喻人类精神世界中理想与现实的矛盾统一体。——编者注

② 出自威廉·德雷谢维奇（William Deresiewicz）教授的著作《优秀的绵羊》（*Excellent Sheep*）一书，用以指代美国精英教育系统培育出的绝顶聪明却胆小怕事、缺乏目标感和使命感的学生。——编者注

③ 引自西奥多·罗斯福的名言：“荣誉属于那些亲临竞技场，满脸污泥、汗水和血迹的人。”——编者注

凝结成十条归真求是的“领导要义”。不鸡汤，不套路，不理论，却生动跃然，入理切情，春风化雨。

这是汉尼斯的第一本领导力讲义，但就像他与大卫·帕特森第一次合著的教科书[①]就成为该领域的扛鼎之作一样，这本书，也绝不是在领导力著作的巍巍邺架上增加的“另一本”，而注定是你最该读到的“那一本”。

见字如面，文如其人。汉尼斯就是这本书的样子。如果只是看那些头衔、履历与成就,“望之俨然”；翻开了读进去，娓娓道来的字里行间，“即之也温”；而停下来把自己代入进去，思考一下再带出来对照当下，就时不时有如芒刺背、“听其言也厉”之感[②]。

---

① 约翰·汉尼斯与大卫·帕特森合著的《计算机体系结构》一书是计算机领域的必读教材和经典畅销书。——编者注

② 出自《论语·子张篇》：“子夏曰：‘君子有三变：望之俨然，即之也温，听其言也厉。’”意为君子会令人感到三重变化，远远望去庄严可畏，接触起来温和可亲，谈吐经过深思熟虑、准确严谨。——编者注

斯文，领导之道的基调

斯文，是汉尼斯与《要领》带给我们浓厚的第一印象，也是他所信仰与实践的领导之道的基调。

在查理·斯金纳（Charlie Skinner）葬礼的最后，威尔·麦卡沃伊（Will McAvoy）说："His religion was decency."（他视斯文为信仰。）"decency"有体面、高尚、正派、有格调的意思，我却一直想着"斯文"这层含义。[①] 斯文者，君子也。正像沃尔特·艾萨克森所说："自负而缺乏安全感可能是领导者身上最糟糕的特质的组合，这种组合却常常出现。"这种现象不断挑战和拉低着整个社会的品位。过去几年间不少场合听人总结或是阐释某些在上位者所谓的"disruptive leadership"（破坏型领导力）是如何改变了领导力的基本原则的，我想那些破坏着人之所以为人的底线的行径，该被叫作"disruption of leadership"（对领导力的破坏）更准确。让

① 查理·斯金纳和威尔·麦卡沃伊是著名导演艾伦·索金（Aaron Sorkin）打造的美剧《新闻编辑室》（*The Newsroom Season*）中的人物。查理·斯金纳是一个舵手式的人物，他一手打造出新闻编辑室这艘船的骨架。他自诩堂吉诃德：一个对现实世界抱有幻想的理想主义者。——编者注

人更是人，让组织更向上，让科技更向善，让社会更向前，这是领导之道的本质；牺牲掉这些来换取的绩效或是功名，也许很有利、很有力，但“赢了天下又如何”，终不是领导正道，就因为缺了斯文。

斯文是刻在骨子里的。谦逊放在要领之首，本色、服务与同理心紧随其后，加上正视自身“无知”而必须保有的好奇心与求知欲，这真是一个很不寻常的领导特质与准则的总结——在大多数领导力流行配方中，这五项恐怕是放不进去的。但，这就是汉尼斯的领导体悟。他没有怎么着墨在自己攻城略地的成就中，也没有偏离领导主题说些自己的花絮，只是沉静地、理性地分析复盘着决策和结果背后的一些权衡与取舍，因为君子斯文，才能做到坦诚。

坦诚，领导之道的底色

坦诚，是汉尼斯通过《要领》彰显出的领导之道的底色。

凌晨五点时，一群喊着口号的人围堵在家门口，从窗户往家里扔石头，不知道你能否想象这个场景发生在斯坦福大学校长身上？扩不扩招本科，建不建纽约校区，要不要在金融危机来临时花掉学校的留本基金，这些选择让汉尼斯的“队友们”裂解成对立的两方给他山大的压力。不只是在“勇气”一章里，汉尼斯写出作为一个领导者所必须直面的困扰、冲突、对立与斗争，各章节几乎都有，因为他认为恰恰在这些捧着烫手山芋、变成热锅蚂蚁的时刻，最是彰显和塑造卓越领导者的界定时刻，恰恰在此时的思与行，最能彰显出你是怎样的一个人，塑造着你会成为怎样的一个人。当老师教课常有个便利就是，可以选择自己独擅胜场的议题，当作者也握有素材剪裁的权力，而汉尼斯却秉笔道出那些“不足为外人道”的事情，还不断扪心回问自己如果重来一次又该如何？非要这么坦诚不可，是因为汉尼斯觉得只有这样的深挖、直给，才能让学习者、成长者收获真经。失败是领导者的必修课，“如果你不能承担失败的责任，你就不应该承担领导者的职责”。

坦诚的他不回避心里头面临反对时“偶尔也想要走走捷径，直接同意”，以换得暂时的息事宁人，坦诚的他宁肯不受欢迎，也要跟学生们指出可能存在的片面与盲从。他的不追风赶潮也不媚俗失格，滋养着一种“知止而后能定静安虑得”[①]的空气。当人们以名嘴金句的调性来评论各种教育者给出的演讲时，当教育从以学生成长为中心偏离成以学生现时满意为目标时，汉尼斯的选择让我们三思：失去了坦诚的教育，还是不是真的教育？

福流，领导之道的体验

福流（flow）[②]，是汉尼斯书中未言而喻的秘方，也是《要领》一书带给我们的体验。

有一种常听到的说法是，当校长和院长的人应该做得时间久一些，教育是个周期长、过程慢、成效综合的事业，治校要徐图远谋，育人需绣花功夫。人们也总是称许投入了人生宝贵的十几二十年，专注地掌校治院的一些人物。汉尼斯

---

① 出自《礼记·大学》，原文为：知止而后有定，定而后能静，静而后能安，安而后能虑，虑而后能得。意为：知道应达到的境界才能够志向坚定；志向坚定才能够镇静不躁；镇静不躁才能够心安理得；心安理得才能够思虑周详；思虑周详才能够有所收获。——编者注

② 福流是美国著名心理学家米哈里·希斯赞特米哈伊（Mihaly Csikszent-mihalyi）提出的概念，指当人们全神贯注做自己特别喜欢的事情时会获得的物我两忘、酣畅淋漓的心理体验，常常也被译为“心流”。——编者注

在书中也总是说“大学的声誉与长期因素息息相关”“聚焦长期发展对大学是自然而然的”。但换个角度，认真地想想 16 年在同一个岗位耕耘，会对心性和创造力带来怎样的挑战。汉尼斯做校长 16 年，常做常新，人文日新，秘方到底是什么？不靠坚持，不是自律，于他而言，这个工作充满福流，乐在其中。

福流让汉尼斯全身心投入、知信行合一，变动着、生发着的挑战让他不停地学习成长，螺旋式地升华自己。读后印象很深的，是书中的十个为大学筹款的生动故事。汉尼斯的讲述让我们仿佛身临其境，你会发现，带给他回报、让他福流满满的，不是结果与金额，而是每个独特过程中的探索与超越，让他兴奋如赤子，物我与时空皆忘。福流状态中，领导者与团队、组织和社群相互融入，人和人之间发生化学反应，领导与追随也真正从对立走向了统一。诚如约翰·密尔（John Mill）[①] 所言：“只有那些人会幸福，他们的心思都在自

① 约翰·密尔，英国功利主义哲学家、政治经济学家，19 世纪最具影响力的古典自由主义思想家之一，同时也是罗素的教父。他的《论自由》是自由主义史上最重要的两本著作之一，《政治经济学原理》是第一本影响西方经济学教育达半个世纪的教科书。——编者注

身幸福以外的事情上，在他人的幸福、人类的进步甚至在一些艺术追求上。”好的领导者是常带领他人达致福流境界的，好的书是常让读者手不释卷，沉浸其中，获得福流体验的，汉尼斯和《要领》就是如此。

写给有为者而非有位者的领导指南

要领，往往是听起来最朴实的，没什么玄虚，分解到基本。但，见山又是山了，要时间，要机缘。沃尔特·艾萨克森给本书的推荐序不寻常地以盛赞起首：“读完此书的人都不免有这样的遗憾：我为什么没能更早一点通读此书？”我明白这是一句好话，但对于《要领》以及很多如盐入味似的好书，我倒并不觉得越早读就一定越好。盐，多少才合适，度上最要拿捏，一辈子都耐琢磨；“事非经过不知究竟，人无躬行难得要领”。听了，读了，懂了，但是却不意味着“得”了要领。

以十得之二“本色”来说，便是如此。从比尔·乔治的“真诚领导”算起，“authentic”一词被误读已经有些年了。本色不是我自天然纯自成，而是向理想中美好和真实的品质去努力，这些努力并不是在扮演，而是都指向真实的自我。

那么具体到行动上，这个要领该怎么做到呢？你的“作为”和你想“成为”之间，又是如何统一在你“是”你之上的呢？汉尼斯点出了想要让所有人都满意的“变色龙”与领导者之间的分别，但得乎其妙，却不容易。勘弥大师[①]并不着急传授所有演剧的技术，而先去拥抱弟子的细致与关心，技术且假以时日与阅历吧。

要领，还有一个重要的意蕴，就是“要去领导”（the will to lead），要去领导的那种强大意愿——这是常被忽略掉的一项领导力的基础，一个以为是“缺省”人人都有但其实许多人很“缺乏”的基础。乐见其成者众，勉为其难者寡。领导者的意愿与意志，不是去发号施令、坐享其成，而是要去担当、去服务、去冒险、去滚石上山，去以“异见”“歧

---

① 勘弥是日本歌舞伎大师。有一次勘弥扮演一位徒步旅行的百姓，正当他要上场时，一个门生提醒他：“师傅，您的鞋带松了。”他回了声“谢谢你”，然后立刻蹲下，系紧了鞋带。当他走到门生看不到的舞台入口处时，却又蹲下把鞋带弄松了。显然，他是想以松垮的鞋带表达一个长途旅行者的疲惫。那天，有位记者恰好看到了这一幕，戏演完后，他问勘弥：“您为什么不当场教那位门生呢？”勘弥答道：“对别人的细致与关心必须坦率接受，要教导门生演剧的技术，机会多得是。在今天的场合，最要紧的是要以感谢之心去接受别人的关心，并给予回应。”——编者注

见”让人“看见”并一起“实现”。《要领》，是写给有为者[①]而非有位者的领导指南。

校长式领导，一种领导模式的进步

差不多10年前，我提出，时移世异，“家长式领导”模式要被“兄长式领导”模式所取代，这一判断是从文化情境、代际群落的变化作用于领导有效性的观察而起的。后一两年在一些互联网企业“蹲点”写案例的过程中，我又提出过“学长式领导”的概念，来对付独生子女一代对“兄长”这一层没概念的状况。在翻译《要领》和研究汉尼斯的过程中，我逐渐地意识到“校长式领导”模式的独特而重要的价值。

校长与他的组织成员之间的关系，对今天越来越多的知识型组织、创新型组织有参照性，有启发性——事实上所有的组织都走在去向知识型、创新型的路上。像大学一样，在更多的组织中，个体作为活知识载体拥有更强的独立性、自

① “有为者”指西奥多·罗斯福所讴歌的“The Doer of Deeds”（有作为的人），赞扬那些满怀激情地做事、将生命奉献于崇高的事业、经过艰辛努力最终取得伟大成就的人。即使失败，这些人也败得荣耀。——编者注

主性并被期待更有创造性；组织创新成效与即期绩效相比，创新对组织的未来影响更大；组织成员自身的成长以及组织整体的发展，与组织即期表现相比重要性大大提升；组织对生态系统的敏感性和两者的相互影响持续增强。这就意味着，组织领导效能的提高，可以从卓有成效的校长身上借鉴到更多。《要领》一点儿也不局限，不是一位教育家谈教育或者大学领导人谈如何领导大学，汉尼斯希望提供的，是一套针对一般领导者而言更普适的领导要领——这一点，他做到了。与此同时，也许美妙的伏笔正在于此，他无意识也很合理地以自己的领导经历作为案例和总结提升的源泉，这使得他所建构出来的框架，有着内嵌其中的“校长式领导”模式的烙印与暗辙，这是一个值得击掌的巧合，“校长式领导”以此为契机引起下一代领导者的关注、研讨、学习与实践，我想是比脱胎于命令指挥时代、金字塔结构中的“英雄式领导”“权威型领导”“哈佛案例 CEO 中心式领导”更有积极进步的意义的。

约翰·科特（John P. Kotter）[①] 说：领导即变革。他以

① 约翰·科特是举世闻名的领导力专家，世界顶级企业领导与变革领域最权威的代言人，著有《变革之心》《变革的力量》。——编者注

此建立领导与变革二者之间的统一性、同义性关系，强调凡领导者无不循着挑战现状、激发愿景并推动变革的主线。同样，我想说：领导即团队。如果不拘泥团队规模，并认真地将团队与群体区分开的话，领导与团队二者也是无法分离的两个概念。凡领导者无不循着凝聚人心、建设团队并实现突破的另一条主线。衡量领导者的成功，不仅关注那些显露在外的即期业绩，还要看他是否使成员得以成长，给团队带来发展。这部分看不见、看不清、看不全的“人绩”而非业绩，却关乎长远，却常被忽略。领导与团队的统一性，不仅在汉尼斯的所有故事中都淋漓尽致地体现，也在我们工作和生活着的每个组织中都无时无处不在，而这正是校长式领导的特征与优势。

这确实是一本讲义，里面包括了授课教授通常会给出但通常不会这么这么长的一个书单。这不是一般书籍中的参考文献，不是只为说明书中引用内容的出处而设置的，汉尼斯校长是从领导者进阶阅读的角度，整体设计了一个容量适度的图书馆，不仅分类列出了这些“从专业人士走向综合领导岗位最好读一读”的书目，还写了不少诚恳的批注来说明这些书是如何影响到自己的，像是豆瓣或知乎式的暖心导引。读完《要领》的读者，应该会油然而生横扫“汉尼斯的图书馆”之志，看看到底是什么影响了、造就了汉尼斯，至少是从阅读上。而汉尼斯，抱着“祛魅归真”而非“封神立威”的理性精神，就这样坦承自己的长进受到哪些哲人、前辈的影响，就这样坦承自己受益于哪些书籍的照亮、哪些思想的启发，这是校长式领导的特征与优势，也尽显汉尼斯的斯文、坦诚与福流。

校长是学生的一门通选必修课

汉尼斯在书中讲到自己在思考要不要接受校长一职时颇有些犹豫，其中一个原因，就是抱有不再有机会给学生们上课的遗憾。但其实，他想错了。因为实际上——校长就是学生的一门通选必修课。

这是实情。校长（以及一些院长）不管出身于哪个学科，到了办学治校的岗位上，不再教授某学科里的基础或者专业课，而是会给全校学生（很多时候还包括校友以及更广泛的社群）教授一门通选必修课。什么内容呢？可以极为丰富，丰富到无所不包，因为校长对所有问题发表的看法都会在学生头脑中产生影响，不管是政治、经济、教育，抑或是科学前沿、人类命运、国际事务。同时这门课的内容又总是围绕着一个主题，这个主题就是“我是如何担当校长的”。

这个主题怎么个教法呢？你做着工作，就是在教了；你的一言一行，就是你的讲义。正如我经常与同事们分享的“师如何教，亦师所教”的理念一样，“校长如何，生学良多”。显性课程内容之外，教师在课堂上与课堂外的言行，直接或间接地，都会对学生的价值观、志趣、格调、风气产生潜移默化的影响，这算是一门“隐性课程”。而校长的辐射垂范角色更为显著，影响力较一般教师更为广泛。不只是在公开演讲或是座谈交流这种与学生直接接触的场域校长被观察、传播、衍生而形成各种认知，从“理念”到“作为”到“姿态”，凡是涉及人和事的选择、决策和人们所解读出来的这当中蕴含的“所以然”，都在育人，堪称世范，影响深远。这门课，比专门的领导力课程，更有助于领导者的培养，只要修习它的人更走心，更愿意把自己摆进去——我常常反省用有学分的领导力课程来培养领导者，该是多么笨拙、绕远甚至会导致迷路的法子。

这门隐性课程，汉尼斯一教就是 16 年，从学生、教师、员工、校友，到硅谷以及更大范围的人群，都修习着“斯坦福校长”这门通选课。他知道，他不只是在领导师生和员工前行，也是在教授着做人、做事、做好领导的要领。他教得有声有色，满腹心得，就显性化成了这本《要领》——校长的领导力讲义。

“我的职业生涯很大程度上正是通过成就他人来成就自己的。”汉尼斯说。己欲立而立人，己欲达而达人，说的是君子，也是汉尼斯；领导之道，君子之道也。

既见君子，云胡不喜？

目 录

前 言

领导力之旅

名誉是一个人能拥有的最贵重的珠饰。
名誉就像火焰，当你点燃了它，你可以一直保存着它；
一旦你将它熄灭，你会发现再点燃它是如此艰难。
获得名誉最好的方式是努力成为你渴望成为的样子。
——据传出自苏格拉底，实际出处不明

很少有人能够按照自己一直期望的样子去生活。如果能做到，这是何其幸运的一件事。于我，亦是如此。

从一方面讲，我已把自己的梦想活成了现实。我高中时与一生挚爱安德莉娅相遇，后来走进婚姻殿堂，并共同生活至今。我们有两个很优秀的儿子。我人生大部分时间投身的研究领域是我高中时就酷爱的计算机科学。我在全世界最杰出的大学做了 40 余年的教授，这是我本科时期就树立的梦想。

在我 25 岁那年，我收到了斯坦福大学电子工程系助理教授职位的聘书，那是我梦想成真的时刻。虽然当时我还拿到了另外一些薪酬更高的教职邀请，但我当即就接受了这个职位。我一生中干得最漂亮的两件事，首先是选对了一生的伴侣，其次就是接受了这个职位（这个顺序很重要）。

如果你那时那刻问我，我对未来的期许是什么。我会告诉你说，我希望在斯坦福大学过上一辈子，直到几十年后退休、离开。也许在这个过程中还能获得一些教学和研究方面的奖项，发表一些重要的研究论文，拥有一到两个专利，最后获得一个荣休教授的头衔。

这的确曾是一个美好的梦想，我想这也是值得一生去追求的。事实上，哪怕是 40 年后的今天，我依然享受在讲台上授课，也喜欢投身一些激烈的学术讨论。但是，正如人们常说的，你永远不知道下一刻会发生什么。一个偶然的未曾预料到的机遇改变了我的人生轨迹，使我成为一个企业家。这个变化最终带我在其后的 25 年里走上一系列的管理岗位。

前言　领导力之旅

这本书将讲述我作为一个大学教授和企业家的一些体会，更多的则是有关我过去 25 年领导之旅中总结出的一些启示。里面有成功的例子，也有失败的故事。虽然书中的这些思考主要与商业界、学术界和非营利性机构直接相关，但也适用于其他领域。虽然这些启示几乎都是在最高层级的领导岗位上总结出来的，但其中绝大部分也适用于各种层级的领导岗位。的确，如果在一个更高层级的职位上领导着一个较大的组织，面对的危机会更棘手、更紧迫，但我们在不同层级工作时遇到的问题其实是类似的。

正如沃尔特·艾萨克森在序言中所写的："伟大的领导者们有着各自不同的特质，风格也各异。"我对过于教条的经验也表示怀疑。当然，一些显而易见、长期以来被验证有效的经验除外。因此，我只想提供一些个人反思，总结出 10 条对我影响颇深的领导力原则。我会用一系列的故事去阐释这些原则，同时解释它们在一些关键的时刻如何发挥作用。希望这些反思也能帮助到正在领导历程中的人。

在深入展开内容之前，我想介绍一下我刚到斯坦福大学任职时的背景。那是在 1977 年，硅谷经济刚开始起步，信息化时代也才开启不久。苹果公司成立不足一年，英特尔公司也只是个生产存储芯片的中等规模公司。个人电脑、互联网、全球信息网络和移动电话尚未出现。我当时的教学和研究方向是超大规模集成电路和微处理器。虽然也参与了两家新创公司的工作，特别是吉姆·克拉克（Jim Clark）[①] 的硅图公司（Silicon Graphics）的早期创立，但我当时的工作重心还是主要放在斯坦福大学的教学研究工作上。

正如我将在第 2 章中所提到的，我的职业生涯中最重要的转折点是与别人一同创立了美普思科技公司。其中的核心技术来自我 1981 年至 1984 年在斯坦福大学的研究成果。在学术休假期间，我将自己最主要的精力放在了这家公司。学术休假结束后，在暑期和别的业余时间里，我也为此花了大量精力。虽然我多次想过要留在美普思公司，但我最后还是回到了我一直以来的家——斯坦福大学，主要原因是我当时十分想念与学生们相处的时光，无论是在教室里还是实验室里。

---

① 吉姆·克拉克是硅谷著名的“创业之神”，他在短短 15 年间创办了三家市值超过 10 亿美元的公司，分别是硅图公司、网景公司（Netscape）和永健公司（Healtheom）。——编者注

从美普思公司成立到成功上市的 5 年间，我改变了许多。在此期间，公司遭遇过不少危机，我也发现自己应对这类事情越来越得心应手。更重要的是，这让我确信，一个即便很小但信念坚定的团队能因一些新的想法改变世界。我开始憧憬更多，希望我为之工作的科系、学院和大学能够对世界产生更深远、更积极的影响。我其实可以单纯做一个教授，在我看来这是一个独立工作者能做到的最有收获且最受尊敬的工作。但是，我选择走上了一段领导力之旅，这深刻影响了我过去 20 多年的人生轨迹。

我在斯坦福大学最初的工作对领导力技能的要求并不是特别高。当时，我主管着斯坦福大学的计算机系统实验室，这是个跨学科实验室，有 15 名来自计算机科学系和电子工程系的教职人员。我很享受当时的工作，特别是招募新的同事以及帮助他们开启斯坦福之旅。1994 年，我受邀担任斯坦福大学计算机科学系的主任，但是我仍旧能尽量抽出时间去组织令人兴奋的教学和研究工作。

1996 年，我被委任为斯坦福大学工程学院的院长。当时学院有超过 200 名教师（而之前的计算机科学系只有 35 人）。我的同事们全是工程师，所以我们有着类似的沟通方式和评价工作的标准。我很喜欢那份工作。直至今日，我妻子依然认为那是我至今拥有过的所有职位中最好的一个。原因很简单，我当时不仅认识整个学院的所有教师，而且还相当了解他们的研究领域。我当时也有机会亲自欢迎每一个学院新聘请的教授的到来，同时每年都能教授一门课、指导几个博士研究生。

1999 年，事情彻底改变了。斯坦福大学时任校长格哈德·卡斯珀先生（Gerhard Casper）希望我去接替康多莉扎·赖斯（Condoleezza Rice），担任斯坦福大学教务长，相当于大学的首席运营官，掌管斯坦福大学的运营事务。我当时很吃惊，也有所顾虑。接下来你将了解到，那是我职业生涯中很大的一个跨越。

几个月后，让我惊讶的事情又发生了。卡斯珀校长公开了他在学年末辞去斯坦福大学校长职务的想法。在那之前，我已经和卡斯珀校长合作了一段时间，着力于解决斯坦福大学面临的一些挑战，也借此机会了解工程学院以外的其他同事。实际上，我当时仍在这个充满挑战的新职位上摸索前行。尽管如此，在历时半年广泛搜寻继任校长候选人和与校长选聘委员会的多次讨论之后，斯坦福大学校董会最终决定希望聘请我担任斯坦福大学的第十任校长，任期从 2000 年秋天开始。

虽然还需要通过一些审核程序，听到校董会的初步决定时，我吃惊极了，也有很多的担心。我当时只有 47 岁，管理大型机构的经验很有限，对运转一个庞大的机构所知甚少。我担心会让所有人都失望。但是，我也被这个挑战深深吸引，希望能有机会去推动一个机构的发展，特别是这样一个对我有着深刻影响的机构。我想谦逊地尽己之所能，并保持一个科学家对事实的尊重，也希望自己能拥有一个杰出的团队，期待这些能够帮助我实现目标。

虽然当时的我已经在硅谷积累了一些经验，在斯坦福大学也有一些挚友般的同事，但是除了卡斯珀校长和一些校董会成员以外，我身边没有很多经验丰富的人可以让我听取建议。所以，就像开展研究工作一样，我开始广泛阅读关于领导力的书，特别是一些伟大领导者的传记（我将这些书列在本书的附录中）。我希望了解他们如何成长、如何与他人工作以及如何征服逆境。我也决心保持自己对各种知识的好奇心，把我的兴趣从科学与技术领域拓宽到人文、社科、医学和艺术领域。

作为一个大学校长，我的答卷是否令人满意？在这个过程中，我是不是一位还算不错的领导者？我的团队是否让这所杰出的大学变得更好了？这些不能由我评价，得留给世人去判断、让事实去检验。不过我和我的搭档、教务长约翰·埃切门迪（John Etchemendy）都认为，评判我们工作成功与否最重要的标准应该是斯坦福大学学生和教师的质量。与学校各项设施的数量和资金募集的数额相比，这项指标是很难被衡量的。但是，在 2016 年我的校长任期结束时，斯坦福大学很多关于学生和教师质量的指标，比如大学排名、申请难度和录取接受率，都处于世界顶尖水平。与此同时，我和教务长在任期初定下的其中一个目标也已经达成：我们成功地让斯坦福大学在很多学科的教学和研究领域达到了世界领先水平，我也将在第 7 章中提到这一点。我和教务长埃切门迪的合作长达 16 年之久，是美国大学校长平均任期的两倍，这在一定程度上帮助了我们实现这些目标。

我的故事本应就此结束，还有什么是比管理斯坦福大学更具挑战性和影响力的工作呢？我还担任了谷歌、思科和几个基金会的董事。这些职责加上一些授课工作本应该给我的有些出其不意的职业生涯画上一个不错的句号，但是，不可思议的事情发生了。在菲尔·奈特（Phil Knight）[①]的帮助下，我一下子有机会实现了长久以来的一个愿景：为世界培养下一代杰出的领导者。我和奈特共同创立了奈特－汉尼斯学者项目（Knight-Hennessy Scholars），这是继一个世纪前罗德学者项目（Rhodes Scholars）设立后，规模最大的同类学者项目。

奈特－汉尼斯学者项目帮我重拾了教育者和创业者的双重身份。我需要从零开始发展这个项目，与此同时，也需要探索如何才能培养这样一批杰出的、有志成为未来世界领袖的年轻学者。

因此，就像任何一名称职的研究工作者所做的那样，我开始重新学习和思考这一命题。我探访了一些好友，回顾了一些曾读过的书，就这个问题请教了很多与我相识、相知多年的成功领导者。与此同时，我也第一次反思了自己在担任斯坦福大学这个伟大机构的校长期间的一些经历。

① 菲尔·奈特是耐克公司创始人，美国最杰出的商业领袖之一。他用向父亲借来的 50 美元创业，一手将耐克打造成一个年收益超过 300 亿美元的企业帝国。菲尔·奈特著有亲笔自传《鞋狗》，该书简体中文版已由湛庐文化引进、北京联合出版公司出版。——编者注

我的总结可能和很多流行的有关领导力的观点有所不同，甚至截然相反。我所看到的有效领导力的关键因素是：重要的基本原则、对这些原则的坚守以及一系列促成机构改变、发展的举措。本书的前 4 章主要介绍这些原则：谦逊、坚守本色、服务意识和同理心。这些原则可能多与服务型领导力相关[1]，但是在我看来，这些对其他类型的领导力为组织变革带来的推动作用也很重要。

第 5 章将讲述“勇气”。这个主题将会把上述的原则和方法联系到一起。勇气既是许多伟大领导者共有的品质，也是在这样一个充满挑战的时代下的领导者需要具备的特质[2]。勇气可以让一个领导者在困境之下坚定目标，同时在必要的时候调整方向。因此，勇气是领导力的一项基本原则，达成组织的核心使命离不开勇气。

最后 5 章将介绍我在推动斯坦福大学发展以及将其推向一个新高度时所采用的方法，包括我们如何描绘学校的发展蓝图，如何鼓舞斯坦福大学的成员共同实现这些愿景。这些章节将涉及合作、创新、求知欲、讲故事的能力和遗绩 5 个领导力工具。

想要改变一个拥有百年历史的高校，我们首先需要一个远大且可行的愿景。我们也需要意志坚定的团队去实现这个愿景。同时，我们还需要审慎地制订计划，以保证这些改变和发展能够长期有效。在为斯坦福大学描绘和实施这些愿景的时候，我发现前 4 章介绍的领导力原则至关重要。同时，后 5 章中的领导力工具对于实现目标也是不可或缺的。

菲尔·奈特和我都深刻认同当今世界面临着越来越严重的领导力危机，这广泛地存在于政府、企业和非营利性机构之中。在政治领域，我们能看到失效国家和内战的存在，也能看到甚嚣尘上的种族歧视、仇外情绪，以及在某些国家聚敛财富的独裁者。在商业领域，我们可以看到领导层将企业带入歧途的例子。前有安然事件和世通公司丑闻，后有富国银行和大众汽车的案例。非营利性组织也一样，本应秉承崇高教育使命的大学竞技体育系统也丑闻频出。

无论在政府、企业还是非营利性机构中，当领导者们违背了最基本的原则，将他们的个人利益置于他们所服务的机构、员工和客户的共同利益之上时，这些危机就可能发生。

更难衡量但恐怕也更加普遍的问题是，针对如何通过必要的变革举措去引领组织发展，存在着普遍的认知鸿沟。我们生活的世界正在以前所未有的速度变化着。无论一个机构的历史有多长、积淀有多深，如果想在 21 世纪继续保持活力，就必须改变和求新。

该如何应对这些领导力危机呢？在一定程度上，本书的写作目的正是为了把我的发现分享给读者，也给近几年将要入学的奈特－汉尼斯学者，以及那些在我离开斯坦福大学之后才入学的学生们。但这本书首先是写给我自己的，让我可以串联起对领导力的一些碎片化思考（这个过程有时也是痛苦的），也让我有机会从一个与此前不同、也更加客观的视角重新审视自己职业生涯中的主要事件。最重要的是，我希望这本书能够开启如何在 21 世纪用变化的视角重新审视领导力的本质的讨论，也希望这个讨论能够有助于奈特－汉尼斯学者项目的培养方案设计。

亲爱的读者，这本书是为你而写的，来自一个男人，他以一个与众不同的梦想作为开端，走上了一段充满挑战又满载收获的旅程。愿你的未来结果美好，哪怕路途起伏多变。

第 1 章

谦逊，
有效领导力的基础

对自己的智慧过分自信是不明智的。
有益提示：最强大的内心也有脆弱之处，
最聪明的人也有犯错之时。

——
“圣雄”甘地

Real confidence
is a true sense
of one's skills
and character,
arises from humility.

真正的自信
是一种对自己能力和性格的
真实认知，
这种认知源于谦逊。

在大多数外行看来，自信是领导力的核心要素。毕竟，如果你对自己制定的战略和自己的角色都没有自信的话，就无法领导他人。没有人愿意追随一个优柔寡断或者对自己的能力不自信的领导者。那么，自信的核心是什么呢？

在我看来，真正的自信绝非“戴着自信的假面”，也不是欺骗式的虚张声势，更不是最糟糕的错置的自大，而是一种对自己能力和性格的真实认知。这种认知不应源于傲慢的情绪，而应源于谦逊的态度。傲慢会蒙蔽我们的双眼，让我们只为自己的强项沾沾自喜，却对自己的弱点置若罔闻，对他人的优点更是视而不见，久而久之，就离犯下灾难性的错误不远了。但谦逊，却让我们能够意识到自己还欠缺什么并及时补救。谦逊让我们真正建立自信。

谦逊从何而来呢？以我的经验，谦逊的来源有两个。第一，我们必须明白成功有幸运（luck）的成分。我特意选择了“幸运”一词，而非它的近义词“运气”（fortune），因为后者往往暗示着某种与自身利益相关的超自然力量。让我们直面一个事实：我们能生在和平国家，已然是幸运的。如果我们生在战争频发的国家，人生际遇将迥然不同。

我出生在美国一个中产家庭，我的父母都接受过大学教育。他们在我上学前就教会我读书，给我提供了利于职业发展的教育机会。但今天的我们身处美国，其实与祖辈贫寒的出身并不遥远。我的大部分祖辈在 19 世纪前半叶的爱尔兰饥荒中移民到美国。我的曾曾祖父以手工劳动起家，后来成为运货马车夫，他每天用手推车或者小马车在布鲁克林周边运货。事实上，几乎我的全部曾曾祖辈都以手工劳动为生，从搬砖工到木匠再到农夫。尽管他们来自英语国家爱尔兰，但其中一些祖辈不认字也不会写字，他们在弥留之际，也只能用一个“X”符号在遗嘱上签名。

两代人之后，我的祖父接受了大学教育并最终成了一家银行的副行长。但对于第一、第二代的祖辈移民们来说，他们过着艰难的生活，几乎每年都面临着失业的困境，而且家中经常有一个甚至两三个孩子夭折。祖辈们为了子孙能有更好的生活而辛勤付出，而我是这一切的受益者。我出生在这个家庭，享受着祖辈们世代努力的成果，是何其幸运。认真思量这些事实就会让一个人变得谦逊。

成为学术界中的一员也会让人变得谦卑。在学术机构中，在同一栋楼里，总有人在某一领域懂得比你多，甚至有些学生都可能在某一领域比你更加专业。而这就是谦逊的第二个来源：你不是房间里最聪明的人。你的努力最终能否换来成果，取决于整个团队。你需要他们的专业技能和全力协助才能成功。所以最好的做法是，在一开始就承认自己有所不知，了解你的团队知道什么，并虚心地寻求他们的支持。

在寻求帮助中学会谦逊

身处学校高层，筹款是践行谦逊的最好工作之一。当你面对数千名员工、数以万计的学生和上亿美元的预算和捐款时，你可能很快被权力冲昏头脑。此时，筹款这项需要用谦逊的态度来完成的工作便是很好的解药。

如果把所有推动募款工作顺利完成的准备都算在内，那我估计花费了全部工作时间的近三分之一甚至是一半来为斯坦福大学筹款。这对我的家庭来说是一个巨大的变化。在我与妻子的前 25 年婚姻里，我们习惯了在结束每天的教学工作后，6 点钟准时回到家中。我很少出差，因为我经常要授课。但在我作为大学校长负责筹款工作后，突然之间，我变得需要经常参加晚宴，一年要花十几周的时间穿梭在各个城市去会见校友，甚至我每天的午饭时间都会被筹款工作占据。

值得庆幸的是，我得到了许多帮助。通常，工作勤奋的校友志愿者和斯坦福大学发展办公室的专家承担了大部分繁重的工作，每年跟进几千笔小额捐款。每个团队对自己做的事情都很擅长。斯坦福大学发展办公室就如同一个“媒人”，寻找与大学重大发展意愿一致的捐赠者，并对接各方需求；校友会则侧重维系校友和大学之间的长期友好关系。

至于我，作为大学校长，我明白自己只是完成这些任务的一个工具，而非引擎。无论是在地区校友会致辞，与潜在捐款人私人谈话，还是接受校友杂志的采访，我做出的贡献，都是基于他人的大量准备工作才得以实现，而这也正是谦逊的来源：我时刻提醒自己，并不是我一人完成的这项任务。许多人在通过他们的努力争取让捐款人说“同意”，而我只是最后敲定了这份协议。最重要的是，我明白这些校友和那些重要的捐赠者并不是和我——约翰·汉尼斯这个人会面磋商，而是在面对斯坦福大学的校长，这个职位有一天也会属于别人。

所以，我的角色之所以重要是因为我的职位，我是斯坦福大学的最高代表。重要的捐赠者希望和斯坦福大学校长握手合作，并不是因为校长是我，而是因为他们希望确保自己所支持的倡议会得到学校的关注和资源投入。他们要求我用自己的名誉担保会对他们的捐款负责，而他们也有充分的权利提出这样的要求。

至于那些巨额捐款，通常都是在没有其他任何工作人员在场的一对一情境中谈成的。此时我独自面对的，往往是一个非常知名、卓越且目标清晰的人，一个正在做出巨大承诺的人，一个毫不犹豫地注视着我的眼睛问我是否愿意做出同样承诺的人。如果这些都不能让人谦逊，还有什么可以呢？

在工作环境中习得谦逊

吉姆·克拉克是一位在高科技领域非常成功的企业家，但他早年的生活却充满了艰辛。他出生于一个贫困的家庭，家中有一位糟糕的继父，高中辍学后，他因前路渺茫而选择加入海军。尽管如此，他最终还是成为一位优秀的工程师，事实证明他也是一位天生的企业家。他的才华在创立美国硅图公司的时候充分展现，在那个时代硅图公司可是发展最快的公司之一。我和吉姆曾在斯坦福大学的同一个办公室共事，我们共同完成了一项技术突破，后来这项技术成为硅图公司成立时的核心技术。我曾在硅图公司担任顾问两年，此后我创立了美普思公司。

硅图公司大部分股权都被风险投资机构所控制，这令吉姆非常受挫。所以在他创立下一家公司的时候，他自己掌握着主导权。马克·安德森（Mark Andreessen）① 是首个被广泛应用的可视化浏览器 Mosaic 的主要开发者。当伊利诺伊大学决定将这项技术授权给一家与马克毫无关联的公司时，

① 马克·安德森是 Mosaic 浏览器的主要开发者，与吉姆·克拉克共同创办了网景公司，同时如今他也是硅谷最著名的风险投资人之一。——编者注

吉姆·克拉克突然入局，雇用了当时还是个学生的马克，两人迅速共同创建了首家获得广泛应用的商业化互联网浏览器应用公司——网景公司，先声夺人。虽然网景公司现在已经淡出人们的视野，但吉姆恰到好处的出手时机和有远见、有策略的运作，使他在当时大获成功。吉姆预测到了互联网需求会有爆发式增长，通过资本运作，他创建了第一家万维网服务公司。

网景公司的成功，加上他在公司持有的可观的股权，让吉姆·克拉克拥有了大量的财富。在我和吉姆的多年交往中，我知道他在创立这两家公司时经历了多少曲折磨难。在旁人眼里吉姆或许是一夜暴富的亿万富豪，但在我看来他是个因全心投入工作而个人烦恼不断的好兄弟。记得有一次他因为太过于专注开发硅图公司成立所依托的核心技术，甚至忘记了交电费，导致家中停电。我从没见过任何人比他工作更努力，他挣的每一分钱都是他应得的。

那几年，我时常会想到吉姆。在他功成名就之后，我明白网景公司已经是他的“过去式”了，他该为人生的下一个目标做打算了。

1999年，在时任斯坦福大学校长格哈德·卡斯珀的倡议下，斯坦福大学开创了一个名为Bio-X[①]的项目，致力于建立生物科学和生物工程方面的跨学科合作中心。而时任工程学院院长的我，自然大力支持这个倡议。我们深知这个中心无论是在设备还是研究方面，都需要大量的捐助支持。中心最具潜力的方向是干细胞研究，而我突然想到吉姆或许可以在这个方向充分发挥其想象力。对于一个伟大的工程师而言，没有什么比运用新兴科技解决难题更好的挑战了。

在硅图公司大获成功后，我曾建议吉姆为斯坦福大学做些贡献，但他当时还未做好准备。而在网景公司也大获成功之后，他会准备好吗？我想我需要提醒吉姆，他应该开始考虑自己能为世人留下什么。一直以来，他埋头苦干，完全专注于眼前的挑战而腾不出足够的时间去思考未来。当时，我正在读一本关于约翰·洛克菲勒（John Rockefeller）的传记，是罗恩·彻诺（Ron Chernow）[②]所写的《泰坦》（*Titan*）。

① Bio-X指与生物科学相关的跨学科交叉研究，其中“Bio”指代生物科学（Bioscience）和生物工程（Bioengineering），X泛指物理学、工程学、医学、化学等其他学科。——编者注

② 罗恩·彻诺因其写作的有关乔治·华盛顿的人物传记而获普利策文学奖，同时其作品《汉密尔顿传》（*Alexander Hamilton*）也轰动一时。

书中，彻诺重构了洛克菲勒的形象：洛克菲勒本是一位争强好胜的企业家，虽然他通过努力成为美国历史上最富有的人，却因工作过劳而在 50 多岁的年纪突发心脏病，差点因此丧命。

对洛克菲勒而言，这像是一个神奇的暗示。虽然洛克菲勒最终活到 97 岁的高龄，但那时的他仿佛预感到自己的生命不会长久，所以他决定："我过够了拼命挣钱的人生，我要开始多做慈善，多做对社会有意义的事情。"不久之后，他便出资支持芝加哥大学，建立洛克菲勒大学、洛克菲勒基金会和许多其他研究机构，尤其是医学研究机构。在这个过程中，他也打造了现代慈善事业的模式。

虽然洛克菲勒以其儿童慈善事业闻名，但其实他在推动人类整体发展的事业上也投入了数十亿美元。曾经他在那些坐拥数亿美元资产但名声恶劣的"强盗资本家"中是手段最强硬、最争强好胜的一位，但在后半生他走出了一条截然不同的人生轨迹——做一个谦逊的洛克菲勒。

我把这本《泰坦》送给吉姆·克拉克，希望上一个时代的工作狂传奇可以在一个世纪之后影响我的这位工作狂朋友。

我给了吉姆充足的时间阅读这本书，之后我向他介绍了我们建立跨学科中心的计划，尤其是有关干细胞和再生药物的研究。吉姆花了一天时间参观校园，和教研人员聊天。我相信这种把生物科学和工程结合的跨学科研究一定会激发他这位高智商科学家的兴趣。果不其然，吉姆决定捐赠 1.5 亿美元用来建造克拉克中心，发展 Bio-X 项目。

但，故事并未就此结束。

在吉姆做出承诺后不久，美国布什政府颁布了严格限制干细胞研究的政策。这则新闻对学术界和吉姆·克拉克都像是晴天霹雳。他认为，这个灾难性的决定会给他刚刚签署了捐款意向的研究项目带来严重的伤害，所以他选择通过《纽约时报》向公众发表声明。

> 两年前，我曾承诺向斯坦福大学捐款 1.5 亿美元，用于建造生物医学工程和科学研究中心。而今天，国会和总统限制了对干细胞和克隆领域的研究……因此，我决定搁置剩余的 6000 万美元捐款。

记得 2003 年，我作为大学校长，吉姆作为嘉宾，见证了大楼的落成。而后，我们为弥补痛失的这 6000 万美元辛苦奔波。庆幸的是，另一位主要捐赠者——查克·菲尼（Chuck Feeney）[①] 坚定不移地支持着这个项目。因此，我们士气大振，尽可能地想办法扭转乾坤，最终在研究方面实现了真正的突破。在 2004 年，由于美国从事干细胞研究的科学家纷纷外流，加州政府专门批准发行一笔独立支持干细胞研究的债券。这不仅将最精英的“大脑”都留在该领域中，也大大激励了加州的其他科学家。

转眼到了 2013 年，克拉克中心成立的第 10 个年头。在过去的 10 年里，吉姆每年都要来学校一两次，检查中心的运营情况。而在 10 周年纪念日上，我们希望能策划一场盛大的活动，包括一场全天研讨会，展示我们的研究突破和克拉克中心在这 10 年所取得的成就。当然这场活动也是我们向吉姆表达感谢的绝佳机会，向他证明他的馈赠得到了重视

① 查克·菲尼是著名环球免税店集团 DFS 的创始人，他创办了大西洋慈善基金会，并低调从事慈善事业达 30 余年，在此期间，其捐赠的慈善金额达 75 亿美元。截至 2016 年，他捐赠出名下所有财产，是一位令人尊敬的慈善家。——编者注

和善用。因此，我们计划让吉姆做压轴的致辞嘉宾。

当轮到吉姆讲话的时候，我就坐在他的旁边，但对他会讲些什么毫无头绪。他会追忆当年的挫败吗？会犀利地批评联邦政府的短视吗？我们谁都无法预料一会儿将发生什么。

吉姆慢慢走向讲台，站定后说道："看到克拉克中心今日的成就，我心中无比感动。是卓越的你们缔造了这样完美的研究项目。"他停顿了一下，又说道："我要把最初承诺却被搁置的 6000 万美元付给你们。"

这是令人惊愕的美妙时刻，是谦逊品格的最好体现。虽然吉姆·克拉克曾在公众面前做出搁置捐款的声明，但他最终选择收回那些话，因为他坚信这才是正确的选择。我为拥有这样一位挚友而感到自豪。

培养谦逊的品质

我能取得今天的成就，过程绝不是轻而易举或自然而然的。在我的职业生涯早期，我的每一次讲话都基于充满图表、文本、公式的幻灯片和文案。突然之间，我的身份转换为大学校长，我开始需要与不同规模的人群进行交流，有时要单独面对一位重要的捐赠者，有时要面对毕业典礼上的两万名听众。无论要面对多少人，现在的我都没有了投影仪和幻灯片的辅助，甚至鲜有充足的时间准备。公众演讲对其他人来说或许是信手拈来之事，但于我而言却难于登天。最初，这类事情令我惶恐不安，但我只得从点滴做起，一步一步学习。

尽管在当时我并未觉得幸运，但回看往昔，我很幸运在职业生涯早期就曾碰过壁甚至陷入困境，也因此得到历练。1988 年，我 36 岁。在此之前的两年，我创立了美普思公司，公司在创立之初发展迅速。我们期望公司一直保持这样的发展势头，便加快了雇用新员工的速度。不幸的是，好景不长，公司增速很快就放缓了。尽管我们依然在扩张，营收保持坚挺，合同也一个接一个地签订，但同时成本以更快的速度一路飙升。由于当时正值两任 CEO 的交接关头，我们延误了最合适的融资时机。结果，资金链断裂，我们甚至面临着无法支付下月薪水的危机。

危机之下我们只得裁员。在 120 名员工中，有 40 名要离开公司。公司执行团队认为我们应重点保留工程师，这也使得其他岗位的员工可能面临更严酷的打击。裁员通知书在星期五上午发出，中午之时他们便要离开。

这是一个非常糟糕、让我始料未及但不得不面对的状况，我再也不愿有这样的人生经历。在这些时刻，如果我们当时足够谦逊，并虚心接受教训，就有了从错误中学习并改正的机会。那一天带给我的人生教训到今天还在影响着我。

紧接着，新任 CEO 鲍勃·米勒（Bob Miller）决定在那天下午为“幸存者”们召开一次公司全体员工会议，这是当时我们能做的最好选择。他要求我发表一次鼓舞士气的讲话。尽管我内心很不情愿，但作为公司的联合创始人，我明白此刻我需要站出来。开门见山，我首先承认我们犯下了错误，也努力为员工们描绘了公司的美好前景。最终，我很庆幸我做了这次讲话，尽管当时我还未意识到，但这次坦诚地承认错误并成功地鼓舞了士气的讲话，为我的未来发展奠定了重要的基础。

2000 年，当我被任命为斯坦福大学校长时，我需要站在数百人面前发表一篇简短的讲话，介绍我的工作计划和学校的未来发展计划。事实上，这是我第一次在没有任何投影设备的辅助下进行正式演讲。如果是学术演讲，或是上课，我相信自己可以做得很好。但公开演讲完全不同，这令我感到非常紧张。我应该如何去克服这种情绪呢？最终，我觉得我应该对被选择担任斯坦福大学校长一职保持谦逊的态度。讲话中，我强调自己备感荣幸，强调在我之前的历任校长为斯坦福大学做出的杰出贡献，强调我多么殷切地希望通过我的努力让斯坦福大学成为一所更好的大学。

早年的经历让我在面对这类场合时有所准备，并且对我的整个职业生涯都有深远的影响，比如在带领斯坦福大学应对“9・11”事件和 2008 年金融危机时，关于这些内容你可以在第 5 章中了解更多[1]。这些事情都让我更加谦逊，让我敢于直面挑战，而最终，也帮助我成长为一名领导者。

谦逊和雄心壮志

在停止谈论我对谦逊的思考之前，我想补充的是，我们讨论的“谦逊”，并不是一个人与生俱来的性格特点，尽管懂得反思自己与生俱来就享受到的一切会令你变得更加谦逊。我指的也并不是那种丧失自我的谦卑。真正的谦逊，是一种有技巧的、有主见的做法，是成功领导者应当具备的特质，就像我们常说的勇气、决断力那样。谦逊地领导意味着用实际行动而非自我标榜去赢得别人的认可，意味着你能意识到并且可以开诚布公地承认自己的理解或决策未必正确，意味着你明白自己也需要寻求别人的帮助，意味着你能珍惜从失败中学习的机会，也意味着你能直面那些让你成长的挑战。

这种谦逊并不意味着缺乏雄心壮志。亚伯拉罕·林肯举止谦逊，但同时他也胸怀大志[2]。而我也是个有抱负之人，但我的抱负绝非仅仅关注个人所得（尽管在打游戏或者打高尔夫时，我的确渴望赢），而是希望能给世界创造不同，希望能为我所服务的社区和组织带来福祉。或许唯一能让谦逊和雄心壮志两全的，就是对能造福他人的事情充满热情与雄心壮志。

谦逊，个人成长之本

在我即将从校长的位置卸任前夕，我曾和艾萨克·斯坦（Isaac Stein）一起回忆往事，他是校董会主席，也正是当年决定任命我为校长的选聘委员会的一员。此时艾萨克正在寻找我的继任者。他说："约翰，你知道吗？现在回想起来，我们当初选择你作为校长的原因，是看重你在工作中不断成长的能力。”

我把这句话视为对我的鼓励，当然我尽量不去回想在 15 年前自己刚刚上任的时候有多青涩。对艾萨克而言，这种不断成长的能力远比其他能力更重要，他在我获得任命时，也无法预见我在工作中的快速成长能力有这么重要。如今，他和校董会正试图寻找有效的方法去衡量这种能力，作为他们以后筛选校长候选人的标准。

别人如何判断你在工作中的学习能力呢？我认为，一个人的谦逊程度是一把很适合的度量尺。如果你承认你还有很多东西需要学习，承认人人都各有所长，承认人们讨论碰撞出的想法总是比一人独断的观点要好，那么你自然就会保持谦逊，也就会在工作中投入更多的时间让自己做到更好。

在某种意义上，当你把谦逊作为领导力的核心时，领导者的角色也会随之发生改变。这个道理是我在美普思公司学到的。在一个初创公司的环境下，你的时间非常紧迫，任何一个错误都会变得非常致命，因此如果你把自己置于高高在上的位置，把员工视为下属，绝对无法成功领导这个团队。

相反，你和员工应当平等相处，每个人都是团队中同等重要的成员。你要做的不是告诉别人应该做什么，而是亲力亲为帮助他人做到更好。这也解释了为何当我们公司准备将研发出的第一枚芯片投产但缺少人手做最终检测时，我自告奋勇上手编写了测试芯片的程序。

美普思公司的首任 CEO 威蒙德·克兰（Vaemond Cran）也是这样做的。他曾经宣布我们在每个星期六上午都要召开全体员工会议，因为他希望告诉员工在周末应该至少工作半天。通过召开这些会议，他向我们清晰地传达了一个信息：即使是像他一样的高层领导，也需要这样付出努力。但他为辛苦的工作增添了一丝甜蜜：在每次的周末会议上，他都会为员工们准备甜甜圈。我还曾看到过这位 CEO 在午餐间擦桌子，他希望告诉员工他和大家并无差别。在一个竞争激烈、充满压力的高科技创业公司，我深深地为这位 CEO 的举止而感动。多年以来，这些记忆都在我脑海萦绕，不断告诉我如何做好一位领导者。

尽管正如大多数人一样，我有很多需要保持谦逊的地方，但我首先承认自己不是一个天生就很谦逊的人。但是，我深刻意识到为人谦逊的重要性。也许当你做出错误决定时，正是你最需要保持谦逊的时刻。再成功的领导者也会犯错，所以我们应该接受错误，有勇气承认错误，并积极地向前看。在这本书中，你会发现很多恰好需要这样做的例子。认错改正的过程绝不容易，但谦逊的品质会让这个过程变得轻松很多。

关键要领 Leading Matters

1. 自信是领导力的核心，但谦逊是自信的核心。
2. 傲慢会蒙蔽我们的双眼，谦逊才能让我们对自己的能力和特质有真实的认知。
3. 要保持谦逊，需要时刻牢记：成功包含幸运的成分；你不是房间里面最聪明的人。
4. 谦逊决定了一个人不断成长的能力。
5. 做出错误决策的时刻，是最需要保持谦逊的时刻。

第 2 章

本色与信任，有效领导力的核心要素

确信自己的立场是正确的，
坚定且不动摇。

——
亚伯拉罕·林肯

As much as we are constrained by nature, with dedication and practice, we can become what we choose to be.

我们会受到自然本性的制约，
但通过坚持奉献与努力行动，
我们可以
变成自己想成为的人。

无论是在职场还是生活中，坚守正直通常被视作成年人要面对的最严峻的挑战。但在我看来，或许还有某种比这更艰巨的挑战。

请不要误解我的意思。终其一生坚守正直并不容易，而且人们确实可以从中受益。许多我心目中的英雄人物，都具备这种优秀的品质，他们值得信任且备受尊敬，例如乔治·华盛顿、亚伯拉罕·林肯、西奥多·罗斯福以及惠普创始人之一戴维·帕卡德（David Packard）等。他们并不完美，没有人是完美的，但他们大多具备正直的品质。

当我们谈及正直时，或者对孩子们说“不能说谎，不能偷窃，不能作弊，就算没有人监督你，也要遵循这些原则”时，我们是在引导他们养成与大多数人一致的行为习惯。出于对家庭的忠诚和遵纪守法的敬畏心，人们对于正直的理解往往是十分清晰的，并且也乐于践行这一原则。

比坚守正直更难的，是每天都能坚守本色，尤其是对于成年人而言，言行诚实和真实不仅仅是对自己，也是对他人、对所在的社区乃至对全社会的责任，即使有的时候坚守本色会让你遭受批评或与人产生冲突。想想那些在人际交往时展现出正直品质的人们，其中究竟有多少人能真正做到坚守本色呢?

本色，是一种微妙且需要用多维度来衡量的品质，是建立信任，进而成为成功的领导者的基础[1]。坚守本色体现在很小的事情上。林肯在帮助一名护士走下马车时说："把脚踩在正确的位置，然后站稳。正如我们要确信自己的立场是正确的，坚定且不动摇。"如果我们能一直遵循这个建议做事，自然会做到坚守本色。你如何决定站在怎样的立场上?一旦决定了，又怎样保持勇气坚守下去呢?

努力成就自我

如果我们要更好地理解如何实践坚守本色，就该先了解下哪些做法是与其背道而驰的。

在 20 世纪 60 年代，彼时还是孩童的我便经历了如今所谓的“坚守本色”风潮。那时的年轻一代渴望挣脱预设的社会角色和社会期望的束缚，开始试着以一种“真实”的方式做事，他们想要忠于内心最原始的驱动力，而非受限于外在法律或规定的约束。我能理解这种哲学，但在随后半个世纪中，我也见证了人们这种做法所带来的灾难。此外，如果坚守本色意味着不择手段地赢得竞争，同样是非常危险的。我们是人，不只是动物。在我看来，最重要的是要学会如何提升自己，让自己尽力做到最好。

最近，我们看到了“本色领导力”（authentic leadership）风潮的兴起。这个词源于哈佛商学院，经常被管理类出版物引用，也是一些商业演说家们的口头禅，由于流传甚广，这个词的意思反而变得越发模糊混乱。

我对于那些迅速被大众传播并且很快就成为被每个人都挂在嘴边的商业理论一直持谨慎态度，通常这些理论会以与当初流行起来时一样的速度快速消失不见。在这些人口中，本色领导力就是用流行词汇堆砌起来的一些建议，例如“要用诚实、谦逊、幽默、开放和坦诚的方式去领导别人”等。毫无疑问，这些也都是优秀的领导者品质，但我所说的本色需要做到更多。

想想那句据传出自苏格拉底的至理名言："获得名誉最好的方式是努力成为你渴望成为的样子。"这才是一名坚守本色的人要葆有的初心——你必须要明确找到你理想中那些美好和真实的品质，然后努力让自己变成这个样子。

前人更好地践行着这些几近被人们遗忘的道理：虽然会受到自然本性的制约，但通过坚持奉献与努力行动，我们可以变成自己想成为的人。在美国历史中，乔治·华盛顿便是最好的榜样。他的自律与对自我成长的要求，是他留给我们的最宝贵的遗赠。他会把一些行为准则抄录下来，并践行始终，譬如：要做一个诚实、勇敢、道德高尚的人。乔治·华盛顿最初也并不是这样的人，在他 20 多岁的时候，他总是冲动易怒。但在统帅大陆军（Continental Army），继而成为美国总统之后，他成为自己渴望成为的那个最本色的自己，这一点是他的朋友甚至敌人都公认的。

因此，坚守本色其中一部分就包括：找到你最欣赏的美德，并努力变成这个样子，但在这个过程中要保持谦逊——你可能还不是你想要成为的那个自己。实际上，当你不再保持谦逊，觉得自己已经做到了的时候，生活会将你推向最初的起点。

在我自己的历程中，最为艰难的决定源于两个问题：我的职业发展路径应当是怎样的？在有些难题把我所领导的社群分裂时我该秉持怎样的立场？一旦我决定了自己的立场，如何坚守便成了新的挑战，通常先要理清楚我选择立场背后的原则与逻辑。

坚守本色与受人信任实属不易

通常而言，当面对不甚严重的后果和清晰明确的回报时，或者当我们与大多数人的立场一致时，说出真相往往很简单。在这种情况下，站出来大声说出真相是令人愉快的。但说出一些令人不悦的真相，譬如与大家分享不幸的事件，提出颇有风险的反对意见，提及令人羞愧的事情，谈及人身伤害或是被主流社会所排斥的事物等，的确非常困难。我们倾向于认为自己哪怕冒着巨大的个人风险也会抵制不道德的行为，会为了捍卫尊严而弃财富如敝屣，或为了不违背自己的原则而宁愿被社会孤立，但我们真的做得到吗？在这类问题上，坚守本色要比单纯地遵循基本的诚信原则困难许多。

即使我们想从更高福祉出发，分享这些令人不悦的真相也会很痛苦，尤其是那些会伤害到我们所关心的人的真相。所以大多数人会极力回避这类坚守本色的“机会”也并不让人意外。但可能会令你感到吃惊的是，即便是硅谷内外以强势闻名的领导者们，也都认为说出真相是十分困难的。史蒂夫·乔布斯大概是个例外，他是我遇到过的唯一一个不太关心自己是否受同事喜爱的人，也因此，他真诚得近乎残忍。但对于我们大多数人而言，被人喜爱是幸福感的重要源泉。

没有人会愿意伤及别人的职业生涯，破坏他人的生活，更不想打击下属的事业心。但当我们遇到诸如要解雇一个对公司有破坏性的员工，或是需要实施必要的裁员行动等问题时，选择逃避可能会无意中导致更大的麻烦。团队的正常运作、士气、组织的可持续发展都会受到影响。

具有讽刺意味的是，许多商业领袖，自己不愿意去承受解雇员工的情感负担，便雇用专业的“刽子手”（hatchet man）来做这类事情，这些人通常以咨询顾问的身份为他们做这些“脏活”。这种做法让管理者和离开的员工都丧失了学习的机会。这样虽然可以获得短暂的解脱，但最终给公司其他员工传递的明确信号却是：这个领导者害怕直面棘手的工作。

有些高管可能会在处理商业事务时因要保持诚信而感到内心挣扎。有些 CEO 无法对别人说“不”。他们希望做个善良、激励人心的老板，会在放到他们办公桌上的任何提案上签字。那么如果对一个员工的梦想说“是”导致整个公司承受了负面影响，又该怎么办呢？你可能也有过优柔寡断的老板，他们总是依据最后跟他汇报的那个员工的观点改变自己的想法。如果员工发现了这一点，很快就会学着成为最后向老板汇报的那个人[2]。

给出取悦别人的答案，可能会获得一时的愉悦感，但会让组织承受长时间的影响。更好的方式是遵循本色之道：了解工作任务的整体目标和组织的方向，“确信自己的立场是正确的”；勇于面对挑战，“坚定且不动摇”。

为什么坚守本色对领导力至关重要

在我从事学校管理工作的早期，曾遭遇过这样一件事。我需要告诉一位同事如果他不做出重大改变，将无法获得终身教职，这件事令我备感不适。更为复杂的是，这位同事是在我的协助下被招聘到学校工作的，在众多应聘者中，当时的他是一位“超级明星”。对于这份工作，这位教授很有潜力，但也有显著的不足。

虽然预想到这不会是一次轻松的谈话，但我知道我必须要去做。如果我不鼓励他做出改变，整个组织和他个人都会因此受到负面影响，或许都会因此不能达到其原本可以达到的高度。如果我退缩了，那将会给我这位同事造成巨大的伤害。于是，我直言相告。惭愧的是，我必须承认这件事我处理得并没有那么及时，语言表述也不如往常清晰，但我最终还是做到了。

这些年来，我一直选择把坏消息直接告诉当事人，而不是隐瞒起来或者假手他人。这个过程从不令人享受，我也不是每次都能及时妥善处理，也会因此而彻夜难眠。一方面工作职责要求我们坚守本色，诚实对人，另一方面，我们要有同理心和人道主义关怀，两者之间很难平衡，让人颇多挣扎。但在有些瞬间，你会觉得选择坚守本色是件令人快乐的事，比如，像自己想成为的领导者那样做事，即使这样做会让你感到不舒服。这些经历会帮助我们成为自己理想中的样子，每一次不舒服的经历都会让我们进步。

运营一个大型组织，通常需要与许多不同的群体打交道，每天都会将你卷入各种复杂的情景中，组织中的每一个人都有自己的诉求。结果就是，在我担任校长期间，随时随地都要面对不同层面的自己——我实际的性格、希望自己能具备的品格、我的过往经历以及我的职业经验等。人们可能会说，作为一名领导者，需要在一天中扮演多个不同的自我，但是如果一个人希望别人对自己的每一面都有一致的认知，即守信且值得信赖，那么这些不同的自我最终都应当是真实的自我。

为什么用真实的自我与人建立真正的联系非常重要呢？因为总会有一个时刻你需要要求所有人按照你确定的某个目标去做事，这个目标并非对所有人来说都是最理想的或者最适合的，但会让整个组织得到更大的发展。此时如果人们不信任你，就不会追随你[3]。在商业环境中，让自己处在这种窘境是极其糟糕的。试想一下，当你与不同的工作伙伴（教授、职员、学生、校董以及校友等）共事时，他们经常会持有不同的观点，其中还有一些获得终身教职的享有完美的工作保障的教授，他们会更加无所顾忌地畅所欲言。如果你不能被这些人所信任，作为一名大学校长，你的工作效率会很低，职业生涯也不会长久。

我必须要说，与工作伙伴建立信任关系并不能一蹴而就。在我看来，领导一家庞大复杂的机构就如同跑马拉松，而不同于百米冲刺。你需要有基于长期发展的思考。短视行为会大大降低一名领导者的工作有效性，例如仅仅是因为私人关系就收回解雇某个员工的决定或是批准某项提案。当你勇于直面棘手的决策时，最终就会与工作伙伴建立信任关系。这部分我会在第 5 章中详加阐述[4]。

与合作伙伴建立信任关系

当然，无论在学校还是企业，坚守本色对于与工作伙伴建立信任关系都是极其重要的，同样，在与其他合作伙伴共事中也是如此。虽然企业和学校有许多不同之处，但两个组织的领导者都要与内部的职员和一系列外部合作伙伴协作共事。表 2-1 展示了企业与学校相互对应的外部合作关系。

表 2-1　企业与学校的外部合作关系

企业	学校
董事会	校董会
客户	学生 / 亲属及研究机构资助方
股东	校友及捐赠人

我是如何与内部及外部合作方建立信任关系的呢？在与校董会的工作交往中，无论遇到任何情况，我都坚持告知大家真实的一手信息。慢慢地，他们开始了解，我支持某项决定的原因只是出于对斯坦福大学利益最大化的考量。从另一个角度而言，我也必须信任校董会，相信他们会支持我的决定：一旦做下决定，我们会携手共进。这个团队不需要达成完全一致的意见，但必须达成这样一个共识：一旦我们向某项提案开绿灯，校董会要毫无保留支持这项提案，即便当环境略有变化，需要做出相应调整时也要如此（具体可见第 5 章中我们做出终止在纽约建立斯坦福校区的决定的故事）。这种信任关系使得学校的管理层和校董会在做事时能够达成高效协同，正因如此，校方可以在想法和愿景尚未完全成形时就与校董会及时沟通。这成为我们得以实施被称为“斯坦福挑战”计划（Stanford Challenge）的那一系列具有战略意义的计划的核心能力（事情的来龙去脉可参

见第 7 章内容），设立奈特－汉尼斯学者项目的想法也得益于此。

在作为企业董事会成员时，我也用相同的方式做事。我希望公司的管理团队是坦诚的，愿意及时主动向我们透露各类真实信息。虽然董事会通常会问一些棘手的问题以向管理层提出挑战，但一旦做出决策，董事会和管理层就应当共同进退。我会在第 6 章详细叙述如何与董事会建立良好的工作关系。

对于学生和他们的父母，我希望通过让他们可以随时联系到我的方式来建立信任关系，我欢迎他们提问，并坦诚地说出我的答案。每年，我都会在斯坦福校长开放日与学生代表见面，也会在父母开放日与那些表现活跃的学生的家人会面。开放日的见面会通常以一段简短的致辞开场，将大部分时间留给问答环节。学生父母会提出各式各样的问题，从自行车头盔到教学伦理，从奖助体系到选择导师等。我会尽力准确且坦诚地回答每一个问题。例如，学生父母通常会问我们为什么不在学校寝室禁酒，并严格处罚违规的学生。我的回答是，禁酒会导致另外一种情形出现：学生们会开车到校外喝酒，这显然风险更大，或许他们还会偷偷地喝，这也会滋生潜在的风险，让我们无法帮助到那些酗酒成性的学生，这些都不是校方所愿意看到的。我还会进一步解释，相反，如果我们能够让学生在学校有适量喝酒的自由，就可以更好地提醒他们互相关照，在需要帮助的时候及时联系校方。

在我担任斯坦福大学校长的大部分时间里，我一直坚持尽可能多地到访大一新生的宿舍，通常会去到大一新生的每一栋宿舍楼。在与新生见面时，我会简单介绍我本人在斯坦福大学的经历，然后请学生们提问。学生们的问题涉及许多方面。他们会问我穿着四角短裤还是三角短裤，我最喜欢校园哪个角落，斯坦福大学最棒的课程有哪些，如何选择专业等，甚至会谈到一些非常严肃复杂的话题，诸如移民政策改革以及加州“三振出局法”（*Three Strikes Law*）① 等。

讨论最为热烈的话题是，学生们提议是否应拒绝接受化

① 加州“三振出局法”，是加州议会于 1994 年 3 月通过的法案，目的在于对反复实施严重或暴力重罪者处以更重的刑罚。三次或三次以上因严重或暴力重罪被起诉的被告人，其刑期最低为 25 年。——编者注

石能源公司的捐赠。对此我给出的回复是，校董会已经在考虑不再接受这类公司捐赠的问题，但还要考虑到这些公司是否会因此遭受负面的社会舆论的抨击。当然，在化石能源这个问题上，其难点在于平衡社会对能源的需求和因使用这类能源而导致的气候变暖的危害。我们不应当“一刀切”式地排斥所有化石能源公司，但校董会已经决定不再接受那些从事矿业开采和使用煤炭作为热能来源的公司的捐赠。对于国家（以及学校）而言，彻底取缔所有的化石能源是不现实的，但取缔煤炭并采用其他对环境更为友好的可替代能源是可行的，比如使用天然气。虽然仅拒绝煤炭能源公司的捐赠不能让大多数同学满意，但或许我们可以通过民主的方式继续探讨这个问题。我可以很坦诚地说，我相信这是正确的答案，一旦做出决定，我们就坚持践行。

到访新生宿舍是我与学生建立良好关系的开始。我希望学生们能够把我当作一个“活生生”的人来了解，理解我为之奋斗的那些符合学校整体利益的想法，向他们展示理性决策是恰当的做法，这是我所坚信的。我希望这些想法能够成为我与学生建立并保持信任关系的基础，事实上，这样是有效的。

对我而言，对学生和他们的家人开诚布公并获取他们的信任至关重要，对于企业也是如此，企业也需要与他们的客户建立信任关系。企业通常会在产品性能、供货能力以及可靠性等问题上误导客户，这会导致客户流失，甚至损害企业声誉，也令企业重新获得客户或获取新客户变得更为困难。近期，一连串的企业丑闻都与欺骗客户有关，这提醒我们：信任一旦失去，就极难挽回。

谷歌公司致力于确保搜索引擎的结果真实且无偏差，在谷歌网站上，搜索结果没有任何广告植入，也正是出于公司对信任的重视。如果用户不相信谷歌所开发的算法的可信度与有效性，他们就会不再使用谷歌提供的服务。

作为企业董事会成员，我也逐渐理解企业与股东之间信任关系的重要性。这种信任关系所涵盖的内容，远远超出《萨班斯－奥克斯利法案》（*Sarbanes-Oxley Act*）中的规定。企业的股东能否相信管理团队会坦诚面对挑战与机遇？如果管理团队不能做到这一点的话，那他们又为何要持有这家企业的股权，而不转投其他企业呢？

一所大学与其校友及捐赠者的关系远比企业与股东的关

系更为紧要。毕竟股东可以更换，虽然这是个痛苦的过程，还需要就股权价值讨价还价；与此不同，校友以及捐赠者是一所大学长达几十年来的积淀，很难换来换去。

在处理这类关系时，我们会举办各种活动与校友及捐赠者分享学校近期发生的事件，讨论斯坦福大学未来的愿景。在活动中，我会与他们分享我对这所大学的深刻情感以及学校未来可能会有的机遇。这些令人振奋的交流对于激励校友和捐赠者持续支持我们的工作和使命至关重要。这类活动能够发挥作用，因为它们出于本色，出于真诚。我本人对工作的热情和领导的驱动力，都源于我对于斯坦福大学的热爱与信仰以及看到我们的规划变成现实的渴望。

除了这些振奋人心的举措外，潜在的捐赠者也需要与大学建立信任关系，就如同客户在购买重要的产品前要信任供货商一样。大学的重要捐赠者在与大学校长就捐赠事项进行沟通时，必须要信任这位校长，也相信学校会忠于承诺，达成捐赠目的。通常，大学校长会强调潜在的捐赠对学校的重要性，也会向捐赠人说明除资金外学校对其他资源的需求。如果能获得捐赠人的持续认同，这种相互信任的关系有助于达成新的捐赠意向。

本色领导力：共同成长与相互理解的历程

我有幸在高中和大学低年级时便从计算机专业中找到了自己的兴趣之所在，并决定在完成学业后成为一名大学教授。我的职业路径从未偏离这个轨道，我也从未后悔自己当初的选择。后来我离开斯坦福大学，把 80% 的精力投入创立美普思公司的事业中，这是一家无晶圆厂半导体（fabless semiconductor）公司。即使在那时，我也坚信自己会重返大学。在过去的 40 年间，斯坦福大学是我的全职雇主，也是唯一的雇主。我经常想，在硅谷自己似乎是个异类，通常人们在 20 年的职业生涯中就会换三家或更多家雇主。

在整个职业生涯只服务于一家机构，是否更有助于建立坚守本色的个人声誉呢？或许是吧。当然，多年来对雇主高度忠诚，在等量的时间内与同一群工作伙伴共事，都有助于强化坚守本色的原则。对于有些人而言，学术生活可能令人变得颓废、倦怠。如果你已经有了终身教职，不会被学校解雇，为什么还要付出更多的努力前行？为什么还要接受挑战或做出棘手的决定呢？答案很简单，因为声誉是你最具价值的财富。原地踏步不会有助于提升你的声誉，反而还会将其消磨殆尽。

相对而言，一家快速成长的企业会带给人不同的诱惑，譬如投机取巧，追求短期利益，或者打压同侪。毕竟一旦出了偏差，还可以换一家雇主，重新来过。持续变化的环境和升职中的强烈竞争会强化人们对社会规范行为的认知。正因为如此，我所认识的许多大企业的 CEO，都是开明、诚实且受人尊敬的，这些品质都与本色相关。有些人可能会凭借其冷酷无情的手段占据企业的高管职位，但企业的董事会和股东们，很少会放权给这些具有破坏性特质的管理者。

让我们回到最初讨论的话题。在年轻的时候，你无须知道自己想成为怎样的人。就个人经验而谈，只有极少数的年轻人有明确的人生目标，大部分年轻人很难搞清楚自己最终想要过怎样的生活。现有的职业路径最多能告诉你目前所面对的方向是什么，而不足以让你明白自己追寻的最终目标，也无法让你更清晰地认识自我。有些核心价值观可能在很小的时候就形成了，但更多的部分是伴随着人们的成长而不断发展起来的，你的人生经历、身边人的境遇、阅读人物传记的感想，都会对其产生影响。如果可能的话，从别人经历的事件中有所收获，这种成长方式相对不那么痛苦，对此可以参见在本书最后我整理给大家的书单。

同样，只有少数的领导者在最初走上领导岗位时就知道自己的领导力风格是怎样的。林肯对于奴隶制的立场变化是个很好的例子：最初，他虽然反对奴隶制，但尚未成为一名废奴主义者。随着奴隶制的扩张，他的反对态度也越来越坚定，坚信奴隶制是不道德的，并在南北战争期间发表了《解放黑人奴隶宣言》(*The Emancipation Proclamation*)。在他被刺身亡前几个月，他最终指导修改并批准了《第十三条修订案》(*The Thirteenth Amendment*)，宣布奴隶制违宪。终其一生，林肯都以其本色，为实现“每个人生而平等”的理念不懈努力[5]。

对我而言，做领导者是一段要扮演不同职业角色的历程，在这个历程中，我的责任感不断提升，对于在一个新职业角色上如何坚守本色的感觉也更加敏锐，我认为后者是能够胜任不同领导角色的首要前提。我热爱教学和研究，因此我选择了学术这条职业道路。作为一名教授给我带来的成就感和满足感，能让我一生都感觉到快乐。我从未预想，或者说，我从未想要成为一名创业者或是大学校长。我的理解是，正因为一直坚守本色，全心投入，我才可以承担并胜任这些角色。

在 20 世纪 80 年代早期，斯坦福大学的一些教师和学生曾开展过一项有关微处理器的研究工作。随后我们发现，这项研究的成果，与同期 IBM 和加州大学伯克利分校合作研究项目的研究成果类似，都推动了精简指令集计算机（RISC）的革命。基于这个理念超前的研究成果，我们发表了论文，并期待商业领域的合作者们能够根据这些前沿研究做出更好的产品，但这一切并没有发生。

随后，戈登·贝尔（Gordon Bell）[①] 找到了我，他认识到了这项研究成果的领先之处，向我提议如果我们真的想让这项研发创新发展壮大，就要在这项技术的基础上创建自己的企业，并亲自投身创业。否则，我们的论文只能被扔在角落，被人遗忘。他让我回答两个问题：你是否坚信你们的研究成果如你所说般具有革命性的意义？如果是的话，你是否愿意亲自开发这项技术，并承担有可能会失败的后果？

思索决定的过程着实折磨人，改变既有的方向对任何人而言都不是一件简单的事情，最终我向戈登回复：我愿意。

① 戈登·贝尔是 DEC 公司初创员工之一，彼时 DEC 是排名在 IBM 之后的第二大计算机制造公司。

在另外两个联合创始人的帮助下，美普思公司成立了，并为建立精简指令集计算机解决方案做出重要贡献。30 多年过去了，我们的核心理念至今仍广泛适用。就在我完善本书的最终稿时，时任加州大学伯克利分校 RISC 项目研究负责人的大卫·帕特森和我因此项研究共同获得了 2018 年的图灵奖，这是计算科学领域的最高奖项。

我作为大学校长的领导力发展历程，与我对领导即服务的逐步深入的理解、对斯坦福大学及其使命的忠诚密不可分。这其中最大的转变发生在我离开工程学院院长的岗位，被任命为学校教务长时。

在担任工程学院院长时，我主要是要尽力统筹协调教学和研究这两类工作，两者都是我选择从事学术工作的动力。我会指导一些博士研究生，参加重要的学术会议，修订与人合著的教材，每年或隔年开设一门课程。虽然我最主要的职责是管理工程学院，但我依然可以从事一部分教师和学者的工作，哪怕比之前少很多。

某个下午，时任斯坦福大学校长格哈德·卡斯珀找到我，询问我是否有兴趣担任学校的教务长。教务长或许偶尔还能讲讲课，或者作为一些课堂的演讲嘉宾，但本质上，那是一份全职的管理工作。作为教务长，我将无法继续指导博士研究生，尤其是在我们这个快速发展的信息技术领域。我放得下这一切吗？我回复请校长给我一个周末的时间来好好想想。

那个周末是斯坦福大学的建校纪念日，每年举行的建校纪念日活动是为了纪念斯坦福夫妇为学校设立做出的贡献，即将离任的教务长康多莉扎·赖斯在活动中发表演讲。这么多年过去了，她当时的话依然言犹在耳。赖斯提到，她的祖父原本是亚拉巴马州的一个黑人佃农，生活窘迫但勤奋努力。她的祖父意识到，如果成为一名牧师，就有机会走进大学接受教育[6]。她的祖父对这一机遇的发现改变了整个赖斯家族的命运轨迹。赖斯的父亲因此得以接受大学教育，而作为第三代的赖斯，更是获得了斯坦福大学的教职，继而还担任美国国务卿一职。总之，她想表达的是自己对教育的全身心投入与热爱，她接受教务长这项工作的原因正是因为她坚信教育具有改变命运的力量，正如赖斯家族所经历的那样。

在那一刻，我突然意识到我需要问自己，我是否对这所学校肩负的使命全身心投入？不仅仅是我本人的研究和教学工作，也不应局限于工程学院，我是否相信从生物科学到人类学，从社会科学到法学，从教育学到商科的所有一切学科领域都至关重要？我是否觉得自己能以坚守本色的信念为这所大学全心投入，满怀激情地开展领导工作？

在聆听了赖斯的演讲后，我找到了答案。周一早晨，我回复卡斯珀，我愿意接受这份教务长的工作。经过一番反思和来自赖斯的激励，我痛下决心，跨越了我心中的卢比孔河（Rubicon）①。

① “跨越卢比孔河”是西方的一句经典谚语，意为“破釜沉舟”。卢比孔河是古罗马时期意大利与高卢的天然边界，依照法律，任何将领不得跨越卢比孔河，否则将被视为叛变。但恺撒打破了这一禁忌，他率高卢军队跨越卢比孔河、进军罗马并取得了罗马的最高权力，迈出了征服欧洲、缔造罗马帝国的第一步，这与拿破仑率军横跨阿尔卑斯山、征战意大利的壮举都被视为“史诗般的出征”，是西方历史上非常重要的节点性事件。——编者注

关键要领 Leading Matters

1. 坚守本色是建立信任，进而成为成功领导者的基础，坚守本色比坚守正直更困难。
2. 坚守本色的人要葆有初心：明确找到你理想中那些美好和真实的品质，然后努力让自己变成这个样子。
3. 本色之道：了解工作任务的整体目标和组织的方向，“确信自己的立场是正确的”；勇于面对挑战，“坚定且不动摇”。
4. 把坏消息直接告诉当事人，而不是隐瞒起来或者假手他人，每一次不舒服的经历都会让我们进步。
5. 如果希望别人对自己的每一面都有一致的认知，即守信且可信赖，那么这些不同的自我最终都应当是真实的自我。

第 3 章

服务型领导力，理解谁为谁工作

最好是在幕后领导，
而将下属置于幕前，
尤其是当庆祝胜利或好事临近时。
但在有危险时，则应身先士卒，
这才是受人欣赏的领导力。

——
纳尔逊 · 曼德拉

If you can't
accept and live
your role
as a servant-leader,
you will not be able to
lead the institution well.

如果你不能接受并满足于
服务型领导者的角色，
你将无法
出色地领导自己所在的机构。

第 3 章　服务型领导力，理解谁为谁工作

我认识的许多位高权重的人，对他们而言最难学到的，甚至有些人永远学不会的一点，就是领导即服务。

这是艰难的一课，因为作为领导者所面对的其他所有层面几乎都昭示着相反的道理：领导者通常比他所领导的大部分人都赚得多，领导者是团队中的权威，领导者的决策优先，下属要全力服务于领导者，或者更准确地说，服务于领导者们所带领的组织。

面对这些，无怪乎下面这一点很难让人铭记于心：作为领导者，你应当服务于下属——他们重担在肩，而你的工作应是帮助他们尽可能地达成有效工作和保持高效产出[1]。如此想来，你必须从思维模式上将组织结构图反转过来，你所位居的金字塔顶端，实则应当在最下面，支撑其余部分。过往经历使我更加深信这样一个要义，那就是如果你不能接受

并满足于服务型领导者的角色，你将无法出色地领导自己所在的机构。你会因过分关注个人得失而忽视你所领导的社区或组织的诉求。长此以往，作为领导者你势必将有所失职。

当我在考虑是否就任斯坦福大学工程学院院长一职时，我从我将接替的工程学院前院长吉姆·吉本斯（Jim Gibbons）那里，得到了一条对我影响最为深远的有关领导力的建议（没有之一）。他对我说："不要因为你喜欢这个头衔或者随之而来的职务之便而接受这份工作，而是要因为你想服务于你的教师同事和全体学生才做出选择。因为这才是这份工作全部的意义。"

这个颇具洞察力的建议令我思考良久，最终我决定："是的，我愿担此任。"自那以后，我一直恪守吉姆·吉本斯的建议。事实上，这也是当我决定是否离任院长担任教务长，以及由教务长升任校长时所审视的核心问题。在不断同意就职以及升任的过程中，我意识到有趣的一点是：领导之位越高，服务之责越大。

起初我领导的是一个小型研究团队，彼时我的工作基本上是帮助研究生成功完成他们的研究。当我被任命为实验室的负责人时，我要帮助招募、指导和培养年轻教师和研究生。我有了领导者头衔并且承担了一定的职责，但有关师生的工作才是至关重要的，我为他们的成功而努力。当我就任计算机系的系主任时，我的首要目标依然如此：帮助教师和学生取得成功。而作为工程学院的院长，我力求服务于更大的范围，即确保整个学院出色地运行。成功或失败是否影响我的声誉？答案是显而易见的。但成功非我一人可左右，我个人的成功实际上要依托于帮助学院的其他每个人取得成功。我的职业生涯很大程度上正是通过成就他人来成就自己的。

当我成为大学校长时，同样的角色定位被映射到更大范围的群体中。如今我需要服务的人包括全校的学生、教师、职员和校友。我的“家人”从实验室里依赖我的几个人，扩展到成千上万个人，他们分散在数百幢建筑里，在上百个不同的分支机构工作。然而，我的任务始终如一：通过服务于每一个合作伙伴，尽最大的可能推动大家共同取得成功，从而领导我们的组织走向成功。

我相信，这正是吉姆·吉本斯真正想要传递给我的信息：如果将担任领导者角色视为实现得到更高头衔、奖励与薪酬等个人目标的一步，你将永远无法看到这个角色的真正意义之所在。随着每一步的晋升，领导者的负担只会愈发沉重，最终你将感到自己已无法再独自前行。相反，如果你将领导者的角色定义为号召每个人帮助推动你们所在的组织，向着你所构想并获得广泛支持的方向前进，你们最终将一同到达目的地。

请记住这个词：谦逊。仅仅了解有多少人正需要你作为依靠是不够的，意识到你有多依赖他们同样重要。每一个为你工作的人在组织的日常运营中，都扮演着非常重要的角色。这就是为什么我很感谢大楼管理员，在我深夜工作时他仍在。我签署他的工资单，而他保持了我们工作场所的清洁和有序。

服务何人：眼光放长远

如果说领导即服务，那么领导者应当服务于何人呢？如同第 2 章所言，大学和企业有一些类似的利益相关方：企业中的员工、客户和股东，对应于大学中的雇员（教师和职员）、学生（及其亲属）和校友。在两种情境中，领导者都需要平衡这些群体之间的需求和期望。这就引申出另一个问题：你应关注短期需求还是长期需求？

在商业领域，这个问题的答案十分复杂。即使是在同一个群体中，如在股东之中，人们也观点各异，一些人关注短期回报，而另一些人则看重长期投资。客户亦有此类分别，潜在的回头客更加偏重长期合作，而有些买家则只寻求利益最大化的一次性交易。在员工中，那些对企业抱有忠诚态度的员工，更可能以长期视角来看待公司。在我看来，商业领域中的领导者很大一部分工作是平衡长期与短期的利益诉求。通常领导者要面对业绩压力，必须关注每个季度的收益和短期回报，如果领导者预期任职时间不长，他可能会更加关注短期利益。然而有长期在位预期的领导者，则应努力让个人利益和报酬与该组织及其利益相关方的长期成功保持一致。

在大学中，聚焦长期发展则更加自然而然。大学的声誉就好比企业的股票价格，是所有利益相关方的关注重点。诚然，诸如财务或学术丑闻等事件将在短期内损害一所大学的声誉。但总的来说，大学的声誉与长期因素息息相关，而这种密切影响鼓励我们要有基于长期发展的考量。领导一所大学的挑战在于利益相关方的多样性导致了对于优先事项和发展方向的不同意见。如何从对长期发展最有利的视角平衡这些意见成为最重要的挑战。

关注长远，寓意为何？在我看来，这意味着为公司谋求 5 ～ 10 年的发展，或为一所大学规划 10 ～ 20 年的未来。当然，这并不是说可以忽视短期问题，但为组织规划新的方向和发展策略，对于确保组织长期、健康地发展不可或缺。据我在学术领域和高科技企业的工作经验来看，眼光长远也至关重要。新的发现和发明层出不穷，带来了翻天覆地般的变化，并衍生出新的挑战和机遇。组织要保持名列前茅，需要领导者不断探索未来机遇，并确保团队对新兴方向有所准备。这种长期的视角对于孵化新的方向和发现新的机遇非常必要，在第 7 章我还将进一步阐述这一观点。

有时，更长远的视角可能在设定目标时很有帮助。2000 年，当我正在准备 10 月开学典礼的演讲稿时，我想起了自斯坦福大学成立 109 年来领导过这所大学的人们，尤其是首任校长戴维·斯塔尔·乔丹（David Starr Jordan），他和同僚们在建校之初确立的许多目标带给我很多思考。我回想起乔丹在就职演说中的话："我们作为建校第一年的师生，将为这所学校奠定根基，而这个根基可能会随着人类文明一直持续下去。"如此长远的考量不禁引导我思考以下四个问题：斯坦福大学代表着什么？10 年后我们会怎样？100 年后呢？我们如何保证后辈能拥有如现在一样的发展机会？最后一个问题总是在我面对巨大挑战时影响着我的思考方式，无论面对危机还是机遇。诚然，基于长期视角的考量会引入更多不确定性，并会引发对某一方向的质疑，即便是领导者也会如此。而要避免这些疑虑，其代价就是要选择一条更加以短期目标为导向的循序渐进的道路，这当然不是我的风格。

诚然，领导即服务原则并不局限于组织或校园的边界内。除了为斯坦福大学直接利益相关方的长期与短期目标服务之外，我还期望服务于斯坦福大学所在的更广泛的社区，认识到我们对于这个社区的职责。作为领导者，为社区服务的呼吁有两种形式：一种直接针对领导者个人，另一种则需要调动更大范围的组织力量来实现。这两点，我们将分别进行讨论。

为社区服务的领导者

另一个关于领导力的真相是，职位越高责任越大。领导者职位越高，人们就越会要求他们为超出其核心受众之外的民众服务。若你当选为某个大学的校长或企业的CEO，无论组织规模大小，你都很有可能被邀请加入各式各样的董事会、政府委员会、专家小组或其他形式的知名顾问团队。即使职位不高，你也可能被邀请去服务于社区的基金会，或者为本地政府出谋划策，或者加入当地非营利性组织的理事会。对于致力于服务的领导者而言，对这些邀请说“不”颇为困难，尤其是当他人寻求帮助的诉求如此强烈时，或者当邀请来自扶助弱势群体或为国家利益服务的组织时。

面对这些邀请，你该何去何从？

遗憾的是，你必须学会拒绝大部分此类请求。这是为什么？其中一个原因是从体力的角度考虑，你无法全部承担这些重任。此外，如果承担过多的任务，这种持续的精神上的“多线作战”，也会降低你为自己的机构进行长期考量的能力。我曾看到在华盛顿特区及其周边区域的一些领导者，他们高度参与一些义务工作中，然而他们本身所服务的组织却深受其害。这样的做法实在不够明智。最终，任何你所从事的外部服务活动都必须以做好本职工作为基础，你首先应当对你所在的组织及其利益相关方负责。

这并不是在倡议缩减政府顾问团体或者非营利性组织的工作。相反，组建最好的顾问团体是此类组织得以繁荣发展的关键。我曾经在组建斯坦福大学校董会和顾问委员会的工作中投入大量的超越职责范围之外的精力，深知此类顾问角色的重要性和影响力。

然而，此类服务应有所设限。在领导者职业生涯的早期，志愿服务的机会通常为领导者带来有意义的学习契机并丰富其经历，值得考虑。然而随着职业生涯的进一步发展，我使用以下三条标准来筛选这些邀请：

1. 此项服务和被服务的机构有多重要？
2. 我能以有影响力的方式做出贡献吗？还是其他人也能轻松提供机构所需的服务？
3. 这个服务机会有助于我的学习和成长吗？

无论你处在职业发展的哪个阶段，在做出一项承诺之前，请务必考虑到：形势一片大好时，你可能会欣然接受邀请，但当形势发生变化，你的主要合作伙伴们希望你付出更多时，你会心生悔意。在拒绝这类邀请时，我经常说的一句话是："我今年恐怕做不了。"这仍为未来的邀约留下了可能的空间。对方可能会问："那明年或者以后呢？"这样的回应会引发一个新的问题：你也无法提前预知未来是否有时间提供服务。如果贸然允诺，以后恐怕会后悔。到那时，履行承诺可能会让你服务于自己的组织的能力大打折扣，然而违背承诺则会让人质疑你的个人信誉。相反，你应当在最初收到邀请时就深思熟虑，设想一下：到了下个月我还想这么做吗？如果回答是肯定的，那么这就是一个值得探索的机会；而如果回答是否定的，那么最好现在就真诚一些，即使艰难也要说"不"，好过将来把自己陷入左右为难的困境。

以组织使命服务社区

个人服务只是服务型领导者的一部分职责。企业、非营利性组织和政府机构中的领导者，为了将他们所在机构的核心使命发扬光大，从中自然延伸出更广泛的社会义务，因而需要带领组织提供其他形式的外部服务[2]。

例如，企业通过提供符合需求的产品来服务客户，有些产品也让我们的生活变得更美好。除此之外，企业可能还会提供产品之外的延伸服务，这些延伸服务往往具有超出营利动机的社会价值。此外，企业还会义不容辞地承担一些更普遍的社区服务，例如，为企业所在地周边的居民提供帮助。

非营利性组织，正如它们的使命和机构属性所预期的那样，比企业更频繁地被号召参与公共服务。同样，因其为民众服务的使命，政府机构也被视作提供公共服务的一大主体。

大学着眼于开拓知识的边界，其新发现和新发明可以提高人类生活质量，完善社会运行机制。同样，通过教育学生，大学也服务于雇主们的人才需求。大学还采取其他措施，将已有的资源与周围社区的需求联系起来。

大学之道在于服务公众的理念深深植根于斯坦福大学的历史之中。世界上大多数人都不知道，我们所说的斯坦福大学的全称为“小利兰・斯坦福大学”（Leland Stanford Jr. University）。这并不是以利兰・斯坦福[①] 的名字命名的，而是以他的儿子小利兰・斯坦福的名字命名的。小利兰去

① 利兰・斯坦福是美国镀金时代的十大财阀之一，铁路大王。1861 年任加州第一任州长，后当选联邦参议员。为纪念爱子，利兰・斯坦福出资创办了斯坦福大学。——编者注

世时年仅 16 岁，老利兰和他的妻子简·斯坦福因丧失独子而悲痛万分。他们最终决定以儿子之名建立一所大学，用以造福加州的孩子们，他们说："加州的孩子都将是我们的孩子。"

1891 年斯坦福大学成立第一天，简·斯坦福准备了一个演讲，正如过去 16 年我作为校长在开学典礼上的致辞一般。结果开学那一天她因过于悲痛而无法上台。但在讲稿中，她写道：

> 我希望你们的生命充满热忱，不是去追求财富和声名，而是要成为有责任心的工作者，做对他人有帮助的人，向那些需要帮助的人传递鼓励和善意，并始终遵循黄金法则（the Golden Rule）：己所不欲，勿施于人。

老利兰此后不到两年就去世了，斯坦福大学也陷入了财务困境。简·斯坦福牺牲了自己的个人生活，带领这所大学度过了 10 多年艰苦的岁月。1904 年，她辞去学校董事职务，将斯坦福大学移交给它的第一届独立董事会，并做出如下说明：

> 这些年以来，我的脑海中一直有这样一幅图景：几百年后，如今的种种磨难都已被遗忘，现在活跃着的所有党派都已偃旗息鼓，只有这所大学屹立不倒，一代又一代的孩子们从四面八方来到这里。

我将最后一句话铭记于心，就像斯坦福大学的历任校长一样，而我的继任者们也必将如此。而且我们有建校文档和信托协议，里面记录了关于学校使命和创始人创校初衷的陈述——斯坦福大学旨在“为人类文明之福祉贡献力量，以促进公共福祉之改善”，这些都使我们将“大学之道在于服务公众”的理念牢牢铭记于心。这一理念使得校长的职责变得清晰：你的领导力须服务于组织，而组织则应服务于更大的社会福祉。

无论你所领导的是大学、企业、非营利性组织还是政府部门，面对的问题都是一样的：领导者应该如何看待公共服务的作用？领导者应该如何选择支持哪些新计划？我在担任校长期间在斯坦福大学启动或推进的种种举措，体现着我对这些问题的答案。具体来说，我们在斯坦福大学校园附近的社区推行了三个新项目——斯坦福特许学校（Stanford

Charter School）、社区法律事务所（Community Law Clinic）和社区免费诊所（Cardinal Free Clinics），都旨在为当地弱势居民提供服务。

教育学院的同事们在 20 世纪 90 年代开始推动斯坦福特许学校项目，第一所特许学校开办于我履任校长后的第一年。作为废除种族歧视的一项行动，经济萧条的东帕洛阿尔托（East Palo Alto）在 25 年前关闭了这个地区最后一所公立高中。周边许多来自低收入家庭的学生在两所区级高中里苦苦挣扎，他们的毕业率堪忧，大学入学率更是极低。斯坦福特许学校的目标是在创造一个受大学最新思想启发的教育环境，在那里的学生可以获得关键的建议和支持服务。这所学校成功了：学生毕业率提高了近三分之一，大学入学率增加了一倍多。在我任期的后面几年，该项目的目标变成进一步扩大学校规模，增收低年级学生，以使这所特许学校最终成为一所完备的 K-12 学校[①]。

① “K-12”是指从幼儿园（Kindergarten，学生年龄通常在 5 ～ 6 岁）到十二年级即高中三年级（Grade 12，学生年龄通常在 17 ～ 18 岁），“K-12”学校是对将幼儿园、小学和初高中的中学教育合在一起的教育机构的统称。——译者注

尽管人们对斯坦福大学扩张及运营这所学校的能力提出了一些质疑，但教育学院的教职员工和斯坦福大学的慈善群体对这个项目充满了热情。在评估了这些顾虑之后，我们最终决定继续前进。学校开办后，孩子们和他们的家人非常喜爱这所学校——学生们从这群意志坚定的年轻教师以及大量的课后活动和咨询项目中深深受益。参观这所学校时，听到那些来自贫困家庭、入学时成绩远低于同年级水平的学生，充满自豪地讲述他们所受到的教育和他们的大学目标，是一种非常感人的体验。

但是，这个项目也遇到了一个大问题。这所学校不仅仅是一个研究项目或一项爱好，而是一项真正的业务，并且十分复杂。运营学校需要聘请校长和教师，需要管理财务、维护基础设施等各方面的专业技能。这些技能超出了启动该项目的教育学院的同事们的专长范畴，也没有人想要完全牺牲他们的研究和教学生涯来经营这所学校，尤其是考虑到他们在经营业务这种颇具应用性的领域确实经验有限。最初由一些团队成员提出的对扩大经营这所学校的疑虑，终于成为现实威胁。

最终，斯坦福大学将一应设施都转交给了一家专业的特许学校经营者。教育学院的使命很好地体现在建立这所学校所依托的教学创新和咨询服务之中，却并非要体现在对学校的专业管理中。作为其学院使命的一种延伸，斯坦福大学教育学院继续为创新教学方法提供指导，而由其他专业机构负责学校的日常运营。

相比之下，体现着法学院使命的东帕洛阿尔托地区的社区法律事务所，已经被证明是可持续运营的。该事务所为社区内的居民提供免费的法律咨询和代理律师服务，同时也为法学院的学生提供了宝贵的实习机会。和我们所有的法律事务所一样，这里由一名教授监督，由法学院的学生担当主力，法学院提供必要的行政支持和核心的财政支持。

此外，门洛帕克（Menlo Park）和圣何塞（San Jose）社区免费诊所的运营模式介于以上两者之间。其主要工作人员是医生志愿者和学生（主要是医学院学生）志愿者，但诊所也雇用一定数量的护理和行政人员。该项目依托于医学院和捐助者的资金支持，但其资金和人员需求远小于特许学校项目。因此它处在一个十分完美的结合点上，一方面为社区提供了服务，另一方面也恰如其分地拓展了医学院的核心使命，并不至于过于分散精力。

所有这三个项目都是从作为一种尝试起步，其中有两个运行良好，并持续焕发着活力，但开创一个服务项目并不总是如此顺利。一项新计划越是偏离组织的核心使命，获得长期成功的可能性越小。如果某项举措收效甚微，最好正视这种局面，并且寻找可行的退出策略，以尽量减少对你所服务的社区的伤害。幸运的是，我们找到了一种能让特许学校得以持续发展的替代方案。

无论你领导的是什么样的组织，凭借创造力和使命感，你的组织一定能够倡导并实施一些既符合组织的核心使命，又能够服务于附近社区的义举。

倾注服务意识

简・斯坦福留下的话中最重要的一点是，她从来没有具体定义过“孩子”一词。这是一个精妙的表达，因为随着这所大学从一个本地性机构成长为一个国际性机构，“孩子”一词涵盖的范围也相应扩展。斯坦福大学现在把服务全球视为自身的责任。所有的组织，无论是企业、非营利性组织还是政府机构，都应当参与培养下一代领导者的过程中来。如果我们希望新一代领导者视服务型领导力为最佳选择，就需要思考如何发展服务意识。

在斯坦福大学，这种服务意识的培养首先始于我们自己的学生。大学的目标是面向所有学生，既要培养他们的领导才能，也要倡导和倾注服务他人的奉献精神。许多斯坦福大学的本科生在高中阶段就有一定的社区服务经验，那么我们如何将其提升到新的水平，鼓励学生利用他们迅速成长的个人能力服务于社会福祉，并向他们介绍在公共领域和非营利性组织中的工作机会呢？

自 20 世纪 80 年代开始，斯坦福大学就大力推进一项正式而辐射范围广泛的服务学习项目。时任斯坦福大学校长唐纳德·肯尼迪（Donald Kennedy）和哈斯夫妇（Peter and Mimi Haas）共同推动这个项目，并为此提供了建议与慈善支持。肯尼迪校长创建了哈斯公共服务中心（Haas Center for Public Service），这是第一所致力于推广服务学习的大学中心。几年前，当中心成立近 25 周年时，我的同事们集思广益，希望将公共服务中心的教育和服务学习的机会提升到一个新水平。政府、社区和非营利性组织对领导力的需求不断增长，但学生的兴趣似乎没有提高甚至开始衰减。我们能否找到一种新的方法，引导学生参与更深入、更充实的服务机会中？

在这一思考过程中，由拉里·戴蒙德（Larry Diamond）教授倡导的名为“深红学季”（Cardinal Quarter）[①] 的计划应运而生。这项计划提供给学生少量的津贴，鼓励他们离开学校一个学期，走入当地社区，或者去到华盛顿特区或其他某个重要的城市，甚至到访发展中国家，在走向世界和服务他人的过程中有所收获和成长。最初提出这个方案的时候，我不确定有多少学生会感兴趣，学生会愿意拿出一个学期的时间吗？为了回答这个问题，戴蒙德教授提出可以先推出一个小型的试点项目，我同意出资进行支持。这个试点项目吸引的申请人数是我们提供名额的两倍，随后捐赠者们以同样的热情回应了这个计划，使之得以迅速发展。我和我的妻子至今仍然是该计划的热心支持者，我们希望看到有一天，校友们能像谈论他们的新生宿舍或者他们的海外学习经历那样，兴致勃勃地谈论他们的“深红学季”。

① 斯坦福大学以深红色（cardinal）作为一系列校园标志的代表色，深红色因而成为斯坦福大学特有的代表性颜色，又被称为“斯坦福红”。——译者注

此外，还有一项倡议，斯坦福大学发展中经济体创新孵化机构（Stanford Institute for Innovation in Developing Economies），简称种子中心（Seed），也在同一时间开始筹划。这一倡议来自商学院，并得到了两位杰出人士，商学院的校友鲍勃·金（Bob King）及其夫人多蒂·金（Dottie King）的支持，他们对帮助这个星球上最穷困的人们充满热忱。种子中心的目标是培育发展中经济体的商业领袖，通过发展商业和提供就业来结束全球贫困的恶性循环。种子中心发挥斯坦福大学培育企业家的专长，为世界上最需要的人提供服务。2017 年，种子中心的派出机构在原有的肯尼亚和加纳项目的基础上，又扩展到了印度和南非。

或许人们通常认为具有精英色彩的商学院不会关注社会中最不富裕的群体，然而种子中心却大大激发和捕捉了商学院本科生和 MBA 学生的想象力，前来参与实习的人络绎不绝，他们与刚刚起步的企业家合作，去帮助这些发展中国家的小企业。该计划已经有了许多成功案例，比如，其中一名年轻女性利用她的工程训练解决了一家非洲工厂提取植物油时遇到的关键问题。在这个过程中，她为一家苦苦挣扎的企业提供了帮助，也拓展了自己的技能，我们也都进一步意识到：世界远比我们想象的要小得多。

倾注服务意识是最基本也是最强大的服务形式。当你在自己的组织中鼓励和支持这种服务意识时，善意也将超越组织内部的合作伙伴，抵达更大的范围。

将他人的服务铭记于心

作为一名领导者，你很容易被大型项目和雄心勃勃的计划包围，在这个过程中却忘记了在你身边发生的、微小但却同样重要的个人服务，而通常正是此类个人服务支持并促成了一些广为人知的成功。

在斯坦福大学，我们举办过许多典礼去庆祝学生和教师所取得的成就。当有人喜获诺贝尔奖、奥运会奖牌、美国大学生体育协会（NCAA）赛事的冠军，或逢重要的奖学金颁奖仪式等，庆典活动都会如约而至。获奖者走上舞台，引起人群的欢呼和祝贺，但那些在背后或多或少促成了他们的成功的人呢？教练、部门负责人、研究助理、雇员和职工等等，他们默默地提供着自己的服务，或许得到了一定的鼓励和赞扬，但充其量是在领奖人的获奖感言中被提及。这些值得被尊敬的人们，他们从未要求更多。这才是真正的服务。

作为领导者，尤其是服务型领导者，我坚信你对所有提供服务的人都负有特殊的义务。这就是为什么我不断参与致敬和祝贺斯坦福大学年度艾米·布鲁奖（Amy Blue Awards）[①] 获奖者的原因，这一奖项表彰大学的职员所做出的服务和贡献。他们不是教师，不是院长，也不是副校长等等，他们通常是第一或第二层级的普通基层职员，奖项由他们的同事提名产生。在一些提名信中，人们写道："他总是给我们的办公室带来欢乐，永远守候、永远活跃、永远充满正能量。"有的获奖者曾数十年如一日地在一栋宿舍楼中清洁楼道和学生住所，脸上总是挂着笑容；有的被提名人一直兢兢业业地工作在技工岗位上，保证任何需要帮助的人随时都能够找到他；还有一位获奖者起初在一个窗口提供餐饮服务，现在则负责管理一个主要的食堂。大部分获奖者已经在这所学校工作了 20 年甚至更长的时间，他们都为我们的教师和学生所取得的成就而感到非常自豪。

① 艾米·布鲁奖授予做出特别贡献、积极支持同僚并对本职工作充满热情的斯坦福大学的职员。这一奖项是为了纪念艾米·布鲁而设立的，她曾担任分管行政服务和设施的助理副校长，不幸于 1988 年 5 月因脑癌去世。——译者注

我几乎每年都会参加这个典礼，为获奖者颁发奖项并与他们握手，通常他们的家人和同事也会到场。我希望向获奖者表明，他们的工作、他们的服务，对于整个学校的运行至关重要，是他们帮助斯坦福大学取得成功。此外，还有另外一个隐藏在内心深处的理由驱使我出席这个庆典，那就是提醒自己，谁才是我真正为之工作的人，我为能够带领亦是服务于他们而深感荣幸。

关键要领 Leading Matters

1. 如果你不能接受并满足于你作为服务型领导者的角色，你将无法出色地领导自己所在的组织。你会过分关注个人得失而忽视你所领导的社区或组织的诉求。
2. 不要因为喜欢一个头衔或随之而来的职务之便而接受一份工作，而是要由于你想服务你的同事才做出选择，这才是工作全部的意义。
3. 领导之位越高，服务之责越大。
4. 领导者服务于利益相关方，应努力让个人利益和报酬，与该组织及其利益相关方的长期成功保持一致。
5. 任何你所从事的外部服务活动都必须以做好本职工作为基础，你首先应当对你所在组织及其利益相关方负责。
6. 时刻提醒自己，谁才是我真正为之工作的人，我为能够带领亦是服务于他们而深感荣幸。

第 4 章

同理心，
塑造领导者和组织的秘诀

若要真正理解一个人，
唯一途径是从对方的视角看世界，
真正浸入对方的角色，
除此之外别无二法。

——

哈珀 · 李
《杀死一只知更鸟》

The best you can do is to listen to your heart while using your head, plotting your direction with a combination of the two.

你可以做的最好的事情
就是兼具同理心与理性，
结合两者来指引你行动的方向。

20 世纪 90 年代初，那时我尚未担任重要的行政职位，我至今仍记得当时为斯坦福大学一名杰出的大一女学生担任导师的经历。她来自一个农民家庭，在她的高中生涯，几乎每 3 ～ 6 个月就要搬一次家，从加州南部一路向北，搬至华盛顿，春去秋来，家庭的原因使她不得不辗转各地。但这些挑战并未使她退缩，她在学业上的表现依旧非常出色，最终被斯坦福大学录取，那年斯坦福大学的录取率还不到 20%。她坚定的信念使我至今仍心存敬意。

显然她的家庭无力负担学费，所以斯坦福大学为她提供了包括食宿在内的全额奖学金。她最后毕业于斯坦福大学工程专业。这名女学生身上发生的故事让我至今铭记，我想这也是简 · 斯坦福会认可的学生。这个故事使我重新思考对招生理念的理解，招生不仅需要考虑申请人的高中成绩和考试分数，更应考虑申请人的人生经历。如同前文提到的女学生，既然她已被斯坦福大学录取，入学所需的费用和她家庭的经济能力都不应成为阻碍她入学的理由。

秉持着这样的招生理念，为学生提供资助成为教务长和我两人共同的努力目标。在为斯坦福大学服务的 16 年中，我们设法将本科的助学金金额增加了 8 亿美元，这几乎是 2000 年助学金金额的 5 倍。同理心在我们增加财务资助的努力中发挥了关键作用，你将在下一章读到，即使在 2008 年金融危机期间，我们也不曾放弃这一努力。

令我感到惊讶的是，许多学者甚至商界领袖至今认为同理心不应成为决策时需要考量的因素。对他们来说，重大决策必须依靠实证、数据和去除感情因素的判断。但我从一生的个人经验中所感悟到的却与此相反：当做出决定和设定目标时，同理心是应该被纳入考量的因素。同理心是对行动的重要检验——同理心代表了数据无法代表的、对参与者处境的深刻理解和深切关注，由此做出的决策将为所有参与者带去福祉。

同理心无法通过一组方程式来计算，亦不能被一系列事实所证实，这让我这样的工程师感到沮丧。同理心同样不可以通过像使命宣言之类的文件来证明。同理心源于内心，并不源自外界的数据、文件等。这种高深精妙的人类情感具有奇妙的意义，如果同理心被误导或某种程度上凌驾于理性，这可能会很危险。尤其当你拥有权力或权威的地位时，这种感觉更加突出。如何处理这种情感与理性的平衡，需不断尝试直至熟稔——而我们在这一尝试过程中往往不得不采取一些试验性的举措，错误也不可避免[1]。

通常人们会期望非营利性组织，例如高校，在运营中能比企业更具同理心，因为在企业运作中，利益相关方期望获得直接的财务回报。但事实上我在学术机构中习得的重视同理心的领导方式能够适用于任何情境。无论你领导的是什么样的企业，你都会发现有无数机会可向员工、客户、当地社区成员或灾难受害者展示同理心。真正的挑战是如何选择和打造那些对你和组织最有意义的机会。

界定同理心的个人层面和组织层面

由一个触动你心灵的故事外化为一个机构的行动，这个大跨越有可能充满风险。当你领导一个机构时，这种从个人故事到组织行动的转化最好不要太过激进，而应经过深思熟虑，再逐步采取行动。当同理心激励你采取行动时，你必须问自己，这究竟是出于个人意愿还是整个机构应该采取的行动?

例如，多年前，得知世界上有些地区遭受灾难后，我们的一群学生开始筹款援助灾民。我完全支持他们的募捐活动，但当同学们向我提出斯坦福大学也应捐出一笔钱时，我拒绝了，这是一个可以帮助厘清同理心这个概念的时刻。大学的经费主要来自捐赠者和学生所交的学费。资金的来源方都认为这些应当用于支持大学的教学和科研，而非救灾。所以我告诉同学们："我不同意提供大学经费作为捐助，但我个人会拿自己的钱支持你们达成筹款目标。"除了尊重大学经费的来源方之外，我希望我的行动能够告诉同学们：发挥同理心和做慈善是作为个人的参与行为，我不能因此就以大学校长的身份从大学账户中拿出钱，但我会以个人的名义采取行动。

但同时，在我担任校长期间，我对同理心的考量有时也会外化为学校的行动。例如，我曾收到一位被斯坦福大学教师培养计划（Stanford Teacher Education Program，简称 STEP）录取的年轻女士的电子邮件。STEP 是一项为期 12 个月的集中式教师培养计划，参与者最终会获得硕士学位和教学资格证书，该计划旨在培养致力于为贫困地区提供长期服务的优秀教师，因为贫困地区学校的教师流失率通常较高。许多教师培养计划的毕业生们将自己的职业生涯扎根在这些贫困的地区，他们帮助来自困难家庭的孩子们，但由于教学资源的匮乏，这些孩子通常会比《不让一个孩子掉队》（*No Child Left Behind*）法案中所规定的受教育水平低一至两年。

在给我的电子邮件中，这位教师培养计划的学生所说的话颇具前瞻性，她在芝加哥附近的一个贫困地区长大，希望完成教师培养计划后，回到她的家乡去教书。但不幸的是，我们提供给她的有限的经济援助和她之后的教师工资，并不足以使她有能力支付接下来的求学费用和偿还为完成本科学业所欠的贷款。

这封邮件引发了我深深的思考。这位教师培养计划的学生想要投身于一项至关重要、具有极高社会价值的事业。这需要她做出牺牲，她要从事的是我们社会中最具挑战性但却以低薪著称的职业。我开始思考，目前高昂的教育成本是否应当成为她选择这一重要职业的屏障？在这种情况下，我们当然要重新审慎思考大学应当做出哪些应对措施。

毫无疑问，培养和教育致力于服务于社会的学生是大学的目标。我开始思考如何才能帮助这位年轻女士和其他像她这样的人。恰好我们教育学院有这样一位重要捐赠者，她的母亲是一名教师，她深深理解优秀教师的重要性。最终我们共同制定了一个公平的、可持续的、受同理心驱动的倡议。结合校长基金和这位捐赠者的捐款，我们建立了贷款免除计划。这与我们通常见到的奖学金计划不同，当教师培养计划的毕业生选择去资源贫乏的低收入学区教书时，斯坦福大学会负担他们的部分贷款。如果这些教师在该地区工作满四年，斯坦福大学将会负担他们研究生课程的全部费用。

这项贷款免除计划源于同理心，但整体方案是基于理性的设计，它帮助教师培养计划的学生践行其使命。在这个项目中，大学和捐赠者都为帮助提高教育质量做出了贡献，特别是帮助改善了来自低收入家庭的孩子的教育质量，这是最重大的社会问题之一。这个计划同时还解决了一个全国精英高校普遍面临的问题——来自富裕家庭的本科学生数量远远超过来自低收入家庭的本科生数量。目前，如何以合理比例发现并吸收来自低收入家庭的杰出人才，仍是大学要面临的重大挑战。低收入家庭的孩子进入斯坦福大学确实困难，部分原因是他们的学区通常资源不足，缺乏学术咨询项目，同时难以留住有才能的教师，而教师培养计划项目的目标恰恰是培养这样的教师。如果你认为大学的使命是为人们提供一条通过自己的能力和努力前进的道路，那么用以资助教师培养计划学生的贷款免除计划就是对大学核心使命的践行，无论是现在还是在更加长远的未来。

而且，教师培养计划的贷款免除计划同时也有助于我们以新的方式处理大学的其他事务。因为它为我们提供了一个全新且有价值的视角：研究生院通常会优先为博士研究生提供资助。而教师培养计划是一个培养教师的专业硕士项目，它在教育和社会中的作用与博士研究生项目并不相同，但显然也应当得到更高优先级的重视。

更不用说，帮助他人本身就给人带来一种美妙的感受。

兼顾同理心与理性

渐渐地，我开始意识到同理心不仅是一种情绪反应，更是一个学习的机会。

无论你是在领导一所大学，一个非营利性组织还是一家公司，时时刻刻都可能有人向你请求帮助，他们希望你能感同身受。决定何时回应以及如何回应是所有领导者面临的最大挑战之一。你不可能满足所有的请求，你需要一个情感甄别系统，来帮助你做出正确的决定，把关注点和资源放在适当的地方。

决策的过程包括反问自己一系列问题：你内心希望做这件事吗？你是否足够认可这件事或这个人，而需要为此采取行动？处理这件事是否符合你所在组织的使命？如果符合，你所在的组织是否有资源为此事提供帮助？如果不符合，你可以自己解决而不动用组织的资源吗？处理此事毫无疑问会占用你或组织可用于其他事务的资源，在充分了解这点后，你愿意为此事付出多大努力？如果决定出手，那么对于这个请求，你可以设计出一个有影响力、可持续运作的实施方案吗？

通过反问自己这一系列问题，你可以更深入地理解自己的价值观，了解你的同事和组织力所能及的部分，并了解那些可能会影响你所在的群体以及更大范围的人的问题。

即使经历了上述诘问判别之后，你仍可能会面临着诸多选项，最终只能选择少数几个请求加以回应。在其他多数情况下，你只得勇敢地说“不”。但拒绝别人绝非易事，毕竟，培养强烈的同理心，可不是为了拒绝别人的求助。你可以做的最好的事情就是兼具同理心与理性，结合两者来指引你行动的方向。

2014 年斯坦福大学的毕业典礼上比尔·盖茨及其夫人梅琳达·盖茨的演讲，是我听过的最棒的伉俪一席谈。比尔的演讲从数据和技术角度入手，主题是寻求解决全球公共卫生问题的方法，如使用全球定位系统跟踪疫苗注射以确保其覆盖到每个村庄。同样的话题，梅琳达的演讲则从个人视角入手，例如她在一家印度医院握住一名濒死的艾滋病人的手。比尔和梅琳达两人是理性与同理心结合的生动体现，两人协力成为极具影响力的慈善家夫妇。同样地，如果在事业中也将理性与同理心融合在一起，我们自己也会做得更好。

平衡同理心与公平

几乎每个致力于慈善事业的慈善组织或机构都会面临同样的问题——使命迁移。通常，这些机构一开始会遵循某个明确的指导方针，以了解慈善的对象和援助方式，但这些指导方针最后都会演变为向遭遇最凄惨的人提供资助的结果。

大学也一直面临使命迁移的问题，尤其是在向本科生提供资助时。在斯坦福大学，我们为各种各样的学生提供服务，这些学生拥有差别迥异的家庭背景。因此，在制订资助计划时，我们希望创建一个系统，为拥有不同背景的学生提供机会，并公平地平衡家庭因素在其中占的比重。换句话说，我们想要平衡同理心和公平。

多年来，斯坦福一直实行“录取学生不看经济条件”的招生政策。学生申请时，我们只考虑他们的成绩和表现，而不让他们的经济条件影响录取决策。一旦被录取，我们会根据学生的家庭收入和资源情况向他们提供所需的资助。尽管可以提供慷慨的资助，但我们注意到这仍然不足以吸引来自低收入家庭的学生，这些人往往是他们家里第一个考上四年制大学的孩子。在与他们交谈时，招生人员很快发现了问题所在：他们被学费价码吓坏了，并且缺乏足够的升学指导。卡罗琳·霍克斯比教授（Caroline Hoxby）等人研究记录了这个问题，将之称为人才与资源的“不充分匹配”（undermatching）。学生们被高昂的学费“价签”震惊，也没有人向他们解释我们的资助政策。如果没有人帮助他们了解来自大学的资助机会，低收入家庭的学生只能假设像斯坦福大学这样的学校是遥不可及的。

为了解决这个问题，教务长和我一道，同招生办公室合作提出了一个专项行动计划，宣布保证来自低收入家庭的学生可以获得减免学费或减免学费与食宿费用的资助。我们希望传递一个足够强大的信号，足以打破这些学生与斯坦福大学之间的屏障。“你的学费是 0 美元”就是我们希望传递的信号。

当我们宣布免除家庭年收入低于 10 万美元的学生的学费，免除家庭年收入低于 6 万美元的学生所有的学费与食宿费用时，少数人士，特别是关心学校的校友对此提出了质疑。他们说：“我不知道这是否是个好主意，因为你正在让他们搭便车，而他们接受的这些教育是有价值的。”幸运的是，我们的行动计划通过精心设计解决了这个问题。事实上，这些学生并没有搭便车，他们也在以自己的工作，即勤工俭学的方式为学校贡献价值，在正常学年里他们平均每周工作 10 小时，在暑假平均每周工作 20 小时。当我们把这些细节公之于众时，质疑随之打消，之前持怀疑态度的人说：“这样做确实是合理的。”当同理心与公平相矛盾时，问题便会产生。但一旦校友们理解这些学生要担负起个人义务——哪怕程度适中——他们也会倾向于认为项目算得上是公平的。

这项行动计划还通过第二次修订进一步完善了公平问题，包括考虑对家庭年收入超过 10 万美元的学生也提供一定的资助。对此，我们需考虑两方面因素。首先，我们知道这类收入水平的家庭每年要承担平均 2 万美元或更多的学费也是很吃力的，并且他们很担心学费、生活费所带来的债务最终会落到子女头上。其次，存在一个公平性的问题：如果一个年收入 9.9 万美元的家庭没有为其子女支付学费，我们怎么能要求一个年收入 10.1 万美元的家庭为其子女支付 1 万美元或 2 万美元的学费呢？为了解决这两个问题，我们必须要调整资助方式，最终的方案是家庭年收入在 10 万～16 万美元之间的学生也可以获得必要的资助。

上述这些条款明确成文后，校友们和教师们都认为这项资助计划真正遵守了公平和机会平等两项原则。让我印象深刻的是，那些从资助计划中受益最多的学生不是斯坦福大学校友的孩子，因为我们的校友通常很成功，而大多是非校友的孩子。因此，新的资助计划不仅让我们践行斯坦福大学的使命，更激发了许多校友的同理心。他们需要的是我们在付出同理心时，兼具公平和理性的考量。

团队中的同理心

理想情况下，你应当在发挥领导力的所有领域把握好同理心与公平原则，起码也要在与自己的团队，也就是在与直接向你汇报的人员的交往中兼顾这两者。

通常而言，我的团队希望我在两个层面展现同理心：一是私人层面，通常涉及与健康相关的问题，二是与家庭有关。在此两种情况下，我跟每个人都秉持同一个理念："健康与家庭最为重要，斯坦福大学的事务排在这两件事之后。你必须先处理好个人的问题，然后我们才可以一起工作。"有时这种理念会导致团队的生产力暂时受到影响，这需要其他团队成员更加努力地弥补空缺，但从长远来看，在领导斯坦福大学的 16 年里，对此理念我从未后悔过。

然而，另一种理念让我感到有些遗憾。我把我的员工视为负责任和有能力的成年人，他们被授权管理自己的时间——他们可以自由决定何时上班，何时下班。因为对我而言，最重要的是他们完成了自己的工作。但不幸的是，有些时候有些人利用了这一政策——他们没有完成工作并成为团队的拖累。我告诉他们如果这类事件发生一次，可以被原谅，毕竟人人都会犯错——在这里我强调的是同理心；但如果此类事件经常发生，那么我基于公平的考量会超过同理心，这些人将会受到惩罚。

毕竟，拿了相应的工作报酬却不能完成相应工作，对大学来说并不公平。让团队中的其他人忍受这种懈怠也不公平。当有人没有做出跟其他同仁同等的贡献时，团队士气也将萎靡不振。

在这种情况下，我会告诉出现此类问题的人："你不是我们需要的团队成员，你必须去除懈怠迎头赶上，或承认此工作并不适合你，然后离开。"遗憾的是，在某些情况下我等了太长时间才进行这些对话。告诉别人他们工作出了问题并不容易，特别是当他们工作的某些方面非常出色时。但是，站在公平的角度，这是完全必要的行为。尽管如此，我还是试着用具备同理心的方式清楚地传达这一信息。

在一种情况下，决定开除某团队成员对我来说很容易。

如果某团队成员行为异常，故意给他人或机构带来伤害或损失，我会认为这个员工已经选择了解雇自己。这类情形并不常见，我的同理心仍然在发挥作用，只是我关心更多的是受害者及遭受损失的团队和组织，而不是那位违规的团队成员。

可感知的同理心

我时常感觉我们的同理心即将遭遇严峻的挑战。人工智能和机器学习的兴起颠覆了传统的就业和雇佣关系。这种转变将影响许多不同类型的工作，比如机器人和自动驾驶汽车将取代手工劳动者和驾驶员，医疗诊断治疗程序将取代放射科医师和其他医生，法律事务自动化 AI 系统和办公室工作自动化 AI 系统将分别取代律师助理或行政助理等。我认为此次变化的影响程度至少同工业革命一样深远，并且可能会发展得更快，因为软件比大规模工业化更具可扩展性。我坚信基于同理心，我们需要密切关注这些挑战。

每个在我们的社会中居于上位有权威的人都要对即将到来的变革保持敏锐，大学需要开始考虑此次变革会带来的社会影响，此外，参与这场变革的公司也必须帮助社会适应这种变化。

我们可能会看到越来越多的人将承受长期失业或就业机会不足带来的压力。现在需要开始设身处地地为这些人着想，因为其中许多人可能是我们的邻居或同事。我们需要认识到，在革命性技术创新驱动下的就业市场转变可能导致临时失业，但这并不意味着受影响的个人再无法就业。我们必须考虑以前根本不存在的工作以及那些无法用聪明的计算机取代的工作。我们需要更多的教师，随着社会的老龄化我们需要更多与老年人一起工作的人——换句话说，那些人性本质深深嵌入其中、无法被简化为算法的工作会更多涌现。

作为领导者和教育者，我们现在需要开始为这项工作做好准备，教育必须包括培养同理心。人性本质、情感联系和人文关怀，这些是人类能带来而机器人、应用程序所做不到的。

培养未来领袖的同理心

我们要为世界培养未来的领袖，这也是奈特－汉尼斯学者项目的使命，那么至关重要的是帮助他们发展同理心。我们应当如何培养他人的同理心？这个问题使我联想起在露西尔・帕卡德儿童医院（Lucille Packard Children’s Hospital）

参观时遇到的一些问题。在探望这些患有先天性疾病或癌症的孩子时，我想起了我儿子 3 岁时的情景，他那时患上了一种器官衰竭的疾病，当时医生判断有可能导致永久性残疾。因为这段个人经历，我一定程度上能理解这些家庭正在经历的痛苦，这种个人经历加深了我的同理心。

早产新生儿和有重大先天性疾病的孩童在新生儿重症监护室接受治疗，在这里我的同理心超出了我的经验范围——我或我的家庭并未在此接受过治疗。在那里，我看到了一对严重早产的双胞胎，他们非常小，我甚至可以用一只手就托起其中一位。有些人质疑是否应当将时间、金钱和资源用在拯救这些小婴儿身上，因为治疗的结果充满不确定性。对于参与这场辩论的许多人来说，这些婴儿的生命问题只是个空洞的理论探讨，他们自己从未进入过新生儿重症监护室。在这里我亲眼看到这些婴儿们与他们的母亲在一起，尽管婴儿们身缠电线、连接着监控器、身处婴儿恒温箱中，母亲们也绝不放弃，将所有的爱倾注到他们身上。我当时就知道，尽最大努力拯救这些婴儿是正确的。

我们希望奈特－汉尼斯学者们能有这种体验，那就是了解同理心的感觉，并在内心充满对正确做事的渴望。同理心经常意味着同情和慈善，但我们寻求的不止于此——我们寻求的是那种因彼此沟通而为人们带来改变的同理心感受，是那种通过别人的眼睛重新看待这个世界时会产生的同理心。我们当然会在招收奈特－汉尼斯学者时寻求这种品质，但也会在项目的培养过程中努力提升学者们的同理心。

一些针对同理心的培养将通过学者们相互分享他们的人生旅程来实现，还有一些训练将通过与那些需要帮助的人进行面对面互动来构建。我仍然记得去斯坦福特许学校的一次访问，其中一位年轻人谈到他认为最大的挑战之一是：保证他的妹妹能喝到牛奶。每天他都会省下学校免费午餐中的一盒牛奶，带回家给妹妹。他的行为改变了我看事情的视角，愈发坚定了我要帮助他们的决心——这就是通过面对面互动构建起的同理心。

我们希望奈特－汉尼斯学者们能够听到这些故事，并意识到这些事情正在美国发生，就在硅谷这个地球上最富有的社区发生。我们希望他们意识到，如果这些悲惨的故事在这儿发生，那么它就更可能发生在世界上其他任何地方。奈特－汉尼斯学者们应当能够做出相应的行动以减轻人类的痛苦，但前提是他们不仅要在概念上了解这些痛苦，还要真正以同理心感受它。

萨拉·约瑟芬·贝克（Sara Josephine Baker）以自身行动阐释了这种激励人心的同理心[2]。萨拉是 20 世纪初纽约市的一名医生，通过建立儿童公共卫生机构，她挽救了数十万儿童的生命。她的自传以一件小事为开篇，讲述了在她获取博士学位很久之前，同理心就已经是她许多行为的驱动力了。当年，作为一个来自富裕家庭的年轻女孩，萨拉曾经遇到一位衣衫褴褛走在街上的黑人小女孩。她被此场景所震惊，她脱下自己的衣服，送给这个女孩。看到这里，相信一些读者已经意识到“这个人会因此成长并将改变世界”。萨拉确实改变了世界，她为纽约移民社区的公共卫生事业做出了杰出的贡献，并始终为帮助城市儿童和生活在贫困中的新生儿努力工作。这就是我们想要在奈特－汉尼斯学者中培养的那种同理心。

访问经济困难的社区中或无家可归者收容所中的医院或学校是一回事，向在那里遇到的人敞开心扉，让自己因这样的经历而改变又是另外一回事，后者需要深切的同理心。那些致力于在世界上创造积极变化的领导者，能够将这种深切的同理心视为他们行动的驱动力，我们希望奈特－汉尼斯学者们也能这样做。

关键要领 Leading Matters

1. 同理心源于内心，代表了数据无法代表的、对参与者处境的深刻理解和深切关注。
2. 计划可以源于同理心，但整体方案的设计要基于理性。
3. 你不可能满足所有的请求，你需要一个情感甄别系统，来帮助你做出正确的决定，把关注点和资源放在适当的地方。
4. 你可以做的最好的事情就是兼具同理心与理性，结合两者来指引你行动的方向。
5. 团队中的同理心通常表现在两个层面：一是私人层面，通常涉及与健康相关的问题，二是与家庭有关。
6. 同理心不仅意味着同情和慈善，我们寻找的是那种因彼此沟通而为人们带来改变的同理心感受。

第 5 章

勇气，为组织与社区挺身而出

敢于做对往往要比害怕做错
需要更大的勇气。

——
亚伯拉罕·林肯

Courageous people
are no less fearful than
everyone else;
rather they've learned
to live with their fears
while taking right action.

有勇气的人
并不比他人更少畏惧，
而是学会了与畏惧共处
并采取正确行动。

谦逊、坚守本色、服务意识、同理心——这些特质塑造着领导者的愿景，并为其正确的行动指明方向。而勇气，则会促使领导者采取正确的行动。即使很多人能够分辨对错真伪，但把辨识落到行动上却困难得多。勇于行动的领导者，已经准备好了通过必要、显著且持久的方式来改造、提升他们的组织。

人们经常将勇气（courage）和勇敢（bravery）混为一谈。诚然，二者彼此相关：勇敢的行为往往以勇气为基础，而充满勇气的生活则时常通过勇敢的行为表现出来。

在我看来，勇气具有持续性，是一种可以为有决断力和道德方向的人生奠定基础的性格特征。而勇敢基于具体事件，是一种在需要冒险的紧要时刻去承担巨大风险的意愿。诺曼底登陆中，一名向奥马哈海滩上的碉堡发起猛攻的士兵是极为勇敢的；如果这名士兵遭受了永久性创伤，则需要依靠勇气度过日后痛苦的身患残疾的岁月，并以勇气再造自己的人生。

在学术界和企业界，大多数人都很少经历需要勇敢的场合。不过，勇气却是另一回事。我们品格中的勇气经常遇到大大小小的考验。作为领导者，你可能要依靠勇气来应对一些组织外部事件，如自然灾害或全国性悲剧，你也可能需要鼓足勇气来处理内部事务，承担必要的风险、转变个人立场、承认错误，或从失败中重整旗鼓。

每个人的性格中都有勇气，只是有多寡之分。在我看来，我们有多愿意践行勇气，取决于在过去曾经多少次展露和强化它。有勇气的人并不比他人更少畏惧，而是学会了与畏惧共处并采取正确行动。正如任何一个上了年纪的人都知道，学习曲线、成长过程总是漫长的，并且伴随着许多令人生畏的时刻，但以勇气行事会让每一时刻都更加容易度过。

美普思公司裁员时和就任斯坦福大学校长之初的几次公开演讲，以及你即将看到的，围绕“9·11”事件和2008年经济衰退的一系列事件——这些经历教会了我，领导者通常比被领导者需要具备更多的勇气，勇敢则有所不同。尽管如此，领导者也享有某些优势，这些优势能为他们的勇气提供支持。有四大关键要素曾帮助我增强勇气。

牢记核心使命

当以领导者身份应对真正的挑战时，人们倾向于从个体化的角度对待这一挑战，把解决问题变成一种个人求索。依我的经验看，通过这种方法能够战胜的挑战屈指可数。相反，你更可能陷入茫然无措，被情绪与一腔热血干扰，并丧失洞察力和客观性。

身处困境中时，我发现牢记“这些挑战并非只关于我个人，而是事关我作为机构领导者这一角色”对我大有裨益。在我身后是一个拥有成熟的思想体系、价值观念、历史和传统的机构，是由一群敬业、忠诚的人组成的团队。面对麻烦的情况时，把你的行动与你所在机构的核心使命和价值观联系起来至关重要，这样做将为你注入钢铁般的勇气[1]。

2008 年金融危机之后，坚持履行斯坦福大学的核心使命为我实施一项饱受争议的决定提供了宝贵的支持。当时我和我的教务长（学校的首席学术官兼首席财务官，也是我的得力助手）正在研究我们是应该一次性大幅削减预算，还是用 10 余年的时间逐渐削减。

我的很多同事都竭力反对大幅削减预算，而是主张直接花费学校的留本基金[①]。然而，截至 2009 年春季，留本基金蒸发了大约 50 亿美元，超过原来的四分之一。考虑到这样的损失规模，我们清楚地知道必须削减预算。我们对渐进削减预算的方法能否解决问题持怀疑态度，更不用说连续 7 到 10 年每年削减一点这样令人窒息的想法。

基于对经济会缓慢回暖的推测，我们选择了一次性大幅削减预算。虽然经过了深思熟虑，但这一决定仍然充满风险。万一经济恢复得很迅速怎么办？那么我们可能因为独断的决定而备受谴责，这个决定不仅将导致裁员、薪资冻结，还会使教师招聘陷入停滞，拖累斯坦福大学与其他学校之间的人才竞争力。

① 留本基金，是指资产提供者特别限定仅以收益安排支出的基金。即将本金进行投资以产生收益，仅用所得利息进行有关支出。——编者注

一旦下定决心冒险，我们就迎来了下一阶段的挑战。在一个很难找到其他就业机会的经济环境中，我们必须决定由谁来承受裁员的负担。起初我们认为可以要求每个部门将其作为预算的一小部分同等地进行削减。但在这样做以前，我们想到了自己的核心使命。有没有什么地方是不应该削减预算的？

在一所大学里，什么是最重要的？学生和教师。简而言之，我们认为解雇教师必然会对学校声誉造成巨大伤害（不过我们确实冻结了教师的薪资），同时还会使近 10 年来颇为成功的招聘政策功亏一篑。此外，根据学校的核心使命，我们也不能减少给学生的资助。先想清楚大原则，至于要如何实现，则完全是另外一码事。

在 2008 年初经济形势较好的时候，我们宣布了斯坦福大学史上幅度最大的一次经济援助增长：家庭年收入不足 10 万美元的学生可以免交斯坦福大学的学费。光是维持这个承诺就需要从每年的经常性支出中另外划出约 2000 万美元。而最终情况比我们预想的还要糟糕，因为经济萧条意味着许多家庭可用于支付学费的收入减少，因此他们会要求额外的资助，额外资助总额高达 500 万美元左右，这一影响持续了大概 5 年时间。

可以预想到，在维持对学生的资助的同时却迫使行政管理人员承受裁员困扰，这样的决定很难让人接受。这意味着学校的员工将承受缩减预算的惨痛后果，尽管他们当中的许多人多年以来一直是斯坦福大家庭的忠实成员，而学生仍然可以获得他们的奖学金，哪怕其中一部分人甚至还没有入学。令人惊讶的是，这一决定未遭到任何反对，我想这正反映出大学里的同事的价值观与奉献精神。

一旦做出上述决定，我们就需要将状况的严重性和这些残酷但必须采取的举措传达下去。由于我们认为领导者的表率作用非常重要，所以我和教务长都主动扣减了 10% 的薪酬，并要求院长和副校长们自愿减薪 5%。与总体财务状况相比，这些节余只是杯水车薪，但我们这么做确实帮忙挽留了一部分工作岗位上的员工，并以此表达了与大家同舟共济的决心。

回过头来看，我后悔当初的决定吗？并不后悔，但你永远无法真正忘记人们为此付出的代价。数百人丢掉了工作，哪怕在这个过程中尽可能做得符合人道主义精神，增加离职补偿金、完善退休方案，我们还是失去了许多很好的员工，并将他们置于生活的煎熬之中。迅速采取行动（至少对学术界来说是迅速的）意味着能更快地从财务困境中恢复，我们可以重新招聘教职员工，甚至回聘了一些此前裁掉的优秀人才。总之，尽管做出给他人造成痛苦的决定并不是一件令人愉快的事，但我们的方向一直很明确，因为大学的核心使命指引着我们，给予我们前进的勇气。

在社区需要你时挺身而出

在橄榄球赛中，场上的球员们宛如力量的化身：他们撞击头盔，击掌鼓劲，为胜利和失败而放声咆哮。然而，赛前的更衣室里却是另一番情形。四周一片紧张、安静甚至焦虑，球队成员们在脑海里回顾着重要的战术，为接下来三小时的比赛做好准备。同样，我曾遇到过很多优秀的演员，他们以戏剧化的情感表达而闻名，私底下却都很低调、温和。我还认识一些 CEO，他们在组织成员面前表现活跃、充满干劲，生活中却内向腼腆。我想表达什么意思呢？没有人时刻处于“战备”状态，但一个领导者要懂得在对的时机代表社区挺身而出，这对领导者的角色至关重要。而无论以书面还是演讲的形式，这样做都需要很大的勇气。

从表面上看，大多数领导者在人群面前都能感到舒适自如。他们似乎总是知道要说些什么，应该怎么说。但在这些场合的背后，领导者们必须为了应对这些场合而挖掘自身的勇气，为了让发声自然流畅而付出很多的努力。如何才能做到这一点呢？当你专注于为你的组织发声而不是以你的个人身份发言时，你就成了这个组织的化身，并因此在发声时获得了一种只代表自己说话时所不具备的力量和自信。请记住，你的组织选择了你当领导者，说明它对你有足够的信心，所以无论你内心有多害怕或紧张，组织交付的信任和肩负的责任都将给予你发声的勇气。

我还记得三个重要的时刻，在这些时刻为社区发声让我突破个人能力的局限，并增长了勇气。

2000 年，当我就任校长时，斯坦福大学正在办理一份一般使用许可协议，即与圣克拉拉郡（Santa Clara County）就允许学校新建房屋、开发土地及开展土地经营业务等事宜达成协议。硅谷彼时正处于蓬勃发展之中，同样蓬勃发展的还有规模虽小却声势浩大的反增长运动（antigrowth movement）。在学校提出其缓慢发展（相对于工业发展速度）的 10 年计划之时，反增长的呼声也日益高涨。漫长的许可申请流程终于在圣克拉拉郡的最后一场听证会上接近尾声，我负责介绍学校的计划来开启对话。在发言的几分钟内，我专注于分享新的研究方向，列举我们的教育计划，并介绍可以惠及更广泛社区的计划设施。当我的发言过半时，一位监察员打断了我："这项工作不错，但斯坦福大学也是一个大型土地开发商，靠开发各种无关项目大赚特赚。"我愣住了，血压瞬间飙升。我本可以发脾气，但作为我的学校的代表，我镇静下来说道："监察员先生，斯坦福大学并非一个营利性组织。它从这些项目中获得的每一分钱都会用于资助研究，或为那些上不起斯坦福大学的学生提供助学金。"我的话激起了一片热烈的掌声。我没有在挫败中迷失，而是找到了为捍卫对学校来说重要的事务挺身而出的勇气。

几个月后，也就是"9 · 11"事件后不久，我需要面对整个斯坦福社区发表演讲，不是因为我想这样做，而是因为我的校长身份要求我这样做。我是一个土生土长的纽约人，就出生在距离发生恐怖袭击的世贸大厦几公里的地方。我认识很多在那附近生活或工作的人，也知道斯坦福社区的许多成员刚刚失去了挚爱亲友。当斯坦福大学在中心广场举行哀悼仪式时，我和几个不同宗教团体的领导者被要求向人群发表讲话。我知道，为了应对这个场合，我应当把个人感受放到一边，因为不是约翰·汉尼斯需要发言，而是斯坦福大学的校长必须要发声。我的社区需要从他们的校长那里听到慰藉人心的话语，正是这一点给了我勇气。

我的第一个想法自然是向纽约和华盛顿特区的受害者们致以问候，但我同时也很担心社区未来能否维持和平氛围。所以我决定以林肯第二次就职演说的一段摘录为中心展开演讲：

> 我们对任何人都不怀恶意，对所有人都抱有悲悯之心，我们坚信上帝让我们看到的正确之事，让我们努力奋斗，完成正在进行的事业，包扎起国家的创伤，去关心艰苦作战的人们和他们的孤儿遗孀，竭尽全力，以实现并维护在我们之间以及我们和各个国家之间的公正和持久的和平。

引用林肯的话不会轻易被误解。在林肯的第二次就职典礼上，他提醒我们采取正确和充满勇气的行动，不是寻求复仇，而是以慈悲之心行事，为实现和平而奋斗。

4 年后，也就是 2005 年，我必须再一次站出来为我的组织成员提供支持。美国一所顶尖大学的校长公开表示，女性在科技领域的代表人数较少或许是生物学差异造成的。他的本意是想引起有关先天差异和社会影响之间的关系的探讨，然而，这段话却被曲解成了别的意思，被一些专家滥用以表达女性在数学和其他科学领域的技术和能力都不如男性的观点。

在斯坦福大学和全国其他各地院校的女性教职员工都对事态的发展深感不满。在和学识渊博的研究人员讨论的过程中，我意识到这些隐形或显性的偏见是一个重大问题，它们将阻碍女性在科技领域的职业发展。我觉得自己有必要给予我的同事支持，并提供一些不同的视角。在学术界，批评同行是非常罕见的，即使间接批评也是如此，但我认为在此时挺身而出是一个正确的选择。我和麻省理工学院的校长苏珊·霍克菲尔德（Susan Hockfield）、普林斯顿大学的校长雪莉·蒂尔曼（Sherley Tilghman）一起撰写了一篇专栏文章，旨在说明提升女性在上述领域的地位对这个国家而言不仅是为了公平，而且相当重要。10 多年过去了，这场斗争仍在继续，著名的“谷歌备忘录”（Google Memo）[①] 中仍包含有

① 2017 年 8 月，谷歌前工程师詹姆斯·达莫尔（James Damore）因发表了一篇含有性别歧视观点的备忘录，被谷歌开除。——编者注

关生物学和能力的关联性等类似观点就可以证明这一点。虽然数百封电子邮件表明我们的专栏文章确实有所帮助，但它显然并未结束这场辩论。

有时候你需要公开表达你所在组织的观点，但这并不意味着你的发声一定能产生成效。我曾在多个场合表明支持《梦想法案》(*Dream Act*)，这一移民法上的变革将为在未成年时移民美国、没有合法身份的年轻人创造一条入籍途径。许多“寻梦者”在斯坦福大学和其他大学求学，我们认为他们值得在我们的国家拥有未来。遗憾的是，我和很多就这个话题发表过意见的同事都未能说服两党的政客接受这项法案。尽管如此，勇气意味着愿意尝试，并且不断尝试，即使你没有成功。推动持久的社会变革需要一代又一代人坚持不懈的行动。就算你终其一生无法实现你所追寻的最终目标，你仍然能从让人们的生活变得更好这件事中找到勇气。

如果你可以从自我中挣脱出来，完全为你的组织或社区发声，那么即使在踏上讲台的瞬间你的双手还在颤抖，当你开口时，恐惧也将得到缓解。正如我的亲身经历一般，这种转变是惊人的：一分钟前我还不太确定自己的职责所在，突然间我就确切地明白了我要做什么。但这并不是说你就不需要为发声做准备，你仍应毫不留情地删改演讲稿，使它更短、更精确、更清晰；并进行无休止的练习（假设你有时间的话，紧要关头则另当别论）。林肯花了相当长的时间才让葛底斯堡演讲（Gettysburg Address）的 272 个词恰到好处，反反复复的练习让八字脚的马克·吐温成为当时最伟大的公共演讲家之一。如果你把听众的需求放在前头，你应当自信一切都会顺利，至于勇气，它会自己找到你。

有时候勇气意味着坚定不移

当社区需要你挺身而出发声时，发声的挑战在于找到正确的言辞，而有时候，你也许会发觉自己处在这样一种情况下：一群人要求领导者发表意见或采取行动，而你知道他们倡导的言论或行动违反了组织的核心原则，或对某些人有失公允，抑或会对组织造成负面影响。在这种情况下，你可能处于被要求发声的巨大压力之下，但你必须鼓足勇气，不轻易动摇，也不轻易发声。

我们遇到过的最难处理的情况之一大概是学生抗议活动。学生们的初衷往往是善意的，但他们许多时候并不了解情况，或者经常被有企图的煽动者误导。不管是在抗议活动非常普遍的政治情境中，还是在相对少见的商业背景下，应对抗议者的首要技巧是把领导者和抗议者隔离开，以避免冲突，通常还会使用安保人员。但在大学里，抗议者往往都是学生，隔离的办法并不适用。领导者必须和学生见面，忍受各种怒吼、口号和谩骂，比如曾有一张海报，称我是硅谷最糟糕的老板。学生们的其他策略包括占领办公楼的接待区域（甚至配备着猫咪小便时铺垫的猫砂）、参加绝食、在校园楼宇外面游行、死死堵住校园入口等，曾经还有一群喊着口号的人（其中还有雇来的抗议者）凌晨5点跑到我的私人住宅，围堵街道，从窗户往我家里扔石头。

这些抗议活动通常伴随着学生希望我们立即同意的一系列要求。必须承认，我偶尔也想要走走捷径，直接同意，但这种解决办法是错误的，不仅是因为同意他们的要求将损害组织及其他方面的利益，更因为这会形成一个糟糕的先例。相反，我们需要找到方法去聆听抗议者的需求，分辨什么是正确的行为，并坚决捍卫自己的决定。一些事例可以说明我们曾面临的挑战。

在我最初遇到的那些持续性抗议活动中，有一次抗议主要是学生在工会人士的建议下发起的，要求对分包合同的合同员工实行最低生活工资制度。抗议者们的策略包括公开示威和绝食抗议。他们坚持要求推行一项普适政策，而在我们看来这是一项不恰当的政策，因为它根本不可能得以实施和维持。学生的绝食抗议令我深感忧虑。我很担心学生们的身心状况，尽管我认为，作为雇主我们的行为无可非议，但抗议活动的深入发展仍让我颇为不安。

在与一些员工面对面交流时，我聚焦了两个法律上的问题：一个涉及对临时工不公平的政策的解读，另一个涉及具有不良劳动关系记录的分包商。我们最终采纳了一项旨在同时解决这两个问题的政策，但在其他关键问题上坚持不妥协。这次经历给我的启示是，不要指望一个庞大组织的方方面面都能达到你所期望的标准。最终，就算我们对政策的焦点问题做了限制，一家经营着好几个学生食堂的公司仍然表示该政策将导致其在后续运营中面临亏损。一些员工因此被解雇。斯坦福大学本校食堂接管了这些外包食堂，但他们不得不通过涨价来平衡更高的薪酬费用，造成大量学生对饮食开销怨声载道。要当心此类意想不到的后果。

另一些示威游行要求在谈判前修改工会合同。这些抗议活动企图在劳资谈判正式开始之前让对方让步。在这些问题上，我们毫不动摇，坚决反对在谈判流程之外就合同条款进行协商。

当学生们为了抗议斯坦福大学自有品牌的运动服利用“血汗工厂”生产而示威游行，并攻占一座学校大楼时，一个更复杂的问题引起了我的注意。由于发展中国家的分包商通常只为主要运动品牌制造产品，学校通过运动品牌请分包商代工，和这些分包商没有直接联系，所以即使其中一些分包商有作为雇主的不良记录，我们的行动方案一开始也并不明朗。学生们提出了多种解决办法，如把大学运动服的制造分离出来放在“模范工厂”中进行。不幸的是，他们提议的方案会对“血汗工厂”的监管产生不利影响，因为该方案下监管会集中于“模范工厂”，而超过九成的员工在“血汗工厂”工作。我们没有认可上述要求，因为这是一种倒退；但我们决定引入两家专业机构来监督这些工厂的运作。

近年来，对高校而言，可能没有比校园性侵事件更难处理的问题了。校园性侵问题带来的挑战体现在三个方面：（1）绝大多数情况下受害者和嫌疑人都是学生；（2）大学不具备对潜在犯罪进行刑事侦查和起诉的能力；（3）为受害者和嫌疑人保密会使得更广泛的社区成员难以了解事件全貌。受限于上述情形，当学生们要求校方在被控为性侵的案件中推翻司法委员会的裁决时，我们在安抚抗议者上几乎无能为力。司法委员会的程序是力图在秘密听证会上完成所有的证据分析，而破坏这一程序，并按照不完全知情的群众的要求进行裁决显然是不公正的。不幸的是，即使在一方披露了部分信息之后，我们依然无法通过讨论案件的保密细节来为自己的决定辩护。在某些情况下，媒体过于简化、片面或歪曲事实的调查报道会严重加剧紧张气氛。我们知道抨击学生或者媒体不会有好结果，我们所能做的最多是指出大家了解的并不是全部事实，并态度坚决地支持司法委员会执行其严谨、审慎的程序。

不管学生抗议的细节如何，他们始终是学校的核心，况且学生们通常都出于某些崇高的动机，比如同情和正义。尽管学生对当前问题的理解可能比较片面，但他们的抗议总归存在一定道理和正义性。因此，我发现确保自己掌握正确的事实、倾听学生的观点、了解现行政策的实施后果以及政策变更需求十分重要。一旦对问题建立起全局性认识，我们就可以坚定自己的立场，或鼓足勇气做出改变。

不要害怕冒险

即使你不用面对以公众抗议形式出现的变革要求，你的组织无疑也会经历变革。新的挑战不断涌现，人们眼中的成功永远在发展变化。作为组织的领导者，你可能认为自己的工作就是维持现状，让别人相信最安全的道路就是最好的道路；你可能把保护组织的资产作为首要目标，就好像你是它的终极守护者；你甚至可能让自己相信，谨慎管理和抵制潮流本身就是一种勇气。

也许吧，但长远看来却并非如此。

身处飞速发展的 21 世纪，变革的车轮疾驰而过，过度谨慎很快就会被碾轧。有效的现代领导力是由在不断变化的环境中管理和引领组织发展的能力所驱动的，这意味着不仅要激发经周密权衡后选择冒险的勇气，还要学会驾驭冒险之后的发展，在失败时能够迅速、果断地恢复过来，或可以充分地利用既有的成功。进一步讲，就算冒险与你的本性相背，为了组织的利益，你也必须找到实践它的勇气。作为领导者，你的行为为下属设立了一种行为样板。风险过度规避型的领导者行为会抑制整个组织的创新性，阻碍新观点的分享[2]。

如果你的决定引领你的组织走向了成功，你应当庆幸拥有一个给予你帮助的团队。另一方面，如果你意识到自己把组织导向了错误的方向，你应该鼓起勇气承认错误并转变路线，以尽可能地减少损失。越是深入这个过程，你越需要更多的勇气去改变自己。你也许怀疑这是我的经验之谈，不用怀疑，确实如此。

2001 年夏天，纽约市宣布计划在罗斯福岛上新建一个大学园区。园区将突出强调科学、技术与创业精神，与这所城市合作的大学会在岛上获得一片空间，以及 1 亿美元的项目启动资金，当然大部分会花在校园建设中。

当纽约市邀请斯坦福大学竞标时，我动心了。斯坦福大学有很多交换和研究项目体系内的小型机构，但还没有大的分支机构，而且现有的分支机构一般没有固定的长聘师资。纽约市的项目让我们有机会增添一个兼具教学和研究功能的全新校园，从而拓展学校的两大核心使命。

有多少大学能在大陆彼岸拥有一个质量一流、功能完备的校园呢？我知道着手开展这项事业将冒着巨大的风险，但我觉得这是一次让斯坦福大学跃身成为 21 世纪顶级高校的契机。我们可以把“银行业、艺术及传播的心脏”曼哈顿和“技术的中心”硅谷联结在一起。这将为我们的师生提供无与伦比的资源和机会，同时成为一块强有力的磁石，吸引那些想在东海岸或大都市生活的顶尖师资。

踏出这一步之前，我在斯坦福大学做了一次调查，发现两个最重要的相关方——教师和校董会在此事上均存在分歧。在学校董事中，有些人相当支持，但其他人却认为风险太大。毕竟刚刚走出经济萎靡的困境不久，所以他们不愿意马上又开始一段成本高昂的新冒险。纽约项目的第一期成本估计为 10 亿美元，长期成本将再翻一番，他们担心这会对现在的校区造成不利影响。我理解他们的顾虑，但我并不认同。现在正是利用我们经济回暖的势头、让斯坦福大学在 21 世纪占据领先地位的完美时机。我表达了我的观点，而且态度非常坚决。

此外，一些董事担忧纽约市的竞标过程最终会充满政治性。然而，纽约市市长已经向我保证过，他们的选择标准是择优，没有任何政治性。我把这一点告知了这些董事，并许诺如果竞标变成了一场政治斗争，我们就退出。

对我的教师同事来说，学校品质是他们最大的顾虑。他们担心我们会在纽约建出一个只有象征性意义的分校，一个担不起斯坦福大学之名的二流校区。我很理解这个合理的担忧：创建一个二流校区不仅有损斯坦福大学的地位，还会挤占资源。不过，按照我们的计划，罗斯福岛的新校区会和帕洛阿尔托校区不相上下，师资和研究生都会由两个校区共同分配。我们将拥有的是分布在两个地方的同一所大学，而不是两个独立的机构。让本科生在纽约完成一学期学习的可能性更增加了这个项目的吸引力。一旦教师们理解了计划的本质，大部分人都支持我们的这次尝试。

当竞标进行到最后一轮时，只剩下斯坦福大学和另外一所候选学校参选。我们的谈判团队正努力与对方进行协商，媒体对这次交易做了相当正面的报道，我们还与纽约市立大学同时建立了短期与长期的合作关系，同时，校董会的董事们参观了罗斯福岛，亲自考察了这一选址的潜力。总而言之，看起来我们有很大的机会达成协议。

此时许多人已在这个项目上投入了数千个小时的工作，全世界都在关注竞标过程的展开。我以自己的声誉作为担保，说服斯坦福大学的成员们相信这一愿景，将批评者纷纷转变为支持者。这时，谈判却开始破裂。

诚然，我们已经察觉到了预警迹象——并不是所有事都和之前声称的一样。起初，我们选择忽视这些迹象，毕竟承担风险需要对自己的愿景毫不动摇的信念。通常在与非营利性组织的谈判中，一方会向另一方分享其所需知道的一切。毕竟，你们不是零和博弈中的竞争对手，而是致力于一个共同目标的两个组织。但我们和纽约市的谈判却有所不同。在整个过程中，我们调查发现了许多未被披露的事情，其中最引人注目的是在未来校址上存在一家医院的垃圾处理区，我们必须考虑它可能带来的环境危害。

更糟糕的是，纽约方面的团队要求我们按市场价购买用于建造师生住房的土地，仿佛我们是一家利益驱动的房地产开发公司，而非一所以低于建造成本的价格为学生和员工提供住房的非营利性大学。

当这些发现和要求累积在一起时，我们不禁要提出这样一个问题：现在要怎么做？我们希望能够达成这个协议，光是在提案上就已经花了 100 万美元，更集结了斯坦福大学最富经验的一些人，运用他们的智慧来完善这项提案。尽管担忧与日俱增，我们还是决定继续谈判，力图控制风险和隐患。

纽约方面要求我们在时间维度上按年度保证新校区有一定数量规模的教师和学生，将其作为一项合同义务。我知道他们这样做是为了确保其目标得以实现。然而，满足这些需求会破坏这个项目的一条核心原则，那就是斯坦福大学的教师们自己把控教师招聘和学生录取，我们不会以牺牲师生的水平和质量为代价来换取数量。

就是在这个时间点，我做出了决定：这个项目无法进行下去了。上述协议违背了斯坦福大学的核心使命。无论我多么希望达成这项协议；无论当我站在拟定的校址上，看着不到 300 米以外的曼哈顿的新校区给我的感觉是多么真实，我都必须改变策略。我将全部工作人员、总顾问和主管土地与房产的副校长召集起来，我们审查了每一个细节，包括在和纽约市政府谈判过程中察觉到的各种预警迹象，以及如果签署协议却未能满足其条款和义务时的附加风险。我们的顾虑与担心得到了证实。我绝不会违背我们的核心使命，因此我拒绝签署这份协议。

也许纽约方面的谈判人员不大理解大学与房地产开发商在运作模式上的巨大差异。他们提高了条件，以为我们对这笔交易的强烈渴求会促使我们全盘接受他们的条件。但他们没有意识到，又或者我们没有表达清楚的是我们对于自身愿景和学校基本价值观的坚决奉行。

我给学校的校董会主席莱斯利·休谟（Leslie Hume）博士打了个电话，告诉她我们要退出与纽约的交易，她感到很惊讶，却不是出于我预想的原因。她向我表示，她曾担心我的团队（也就是说我）对这笔交易的投入太大，以至于不管遇到什么阻碍我们都会继续下去。我想她听到这个退出的消息，应该放心了。

我猜想退出这笔交易可能造成很大的影响，《纽约时报》可能会连篇累牍地批评我们，但我对此并不担心。我们最终获得了纽约的校友和新闻界的大力肯定与赞扬。学校方面，那些曾强烈支持这个项目的董事理解我们为什么会退出，教师们也为我们没有为了实现自己的梦想而出卖他们的权益深感欣慰。事实上，通过表现敢于从事这样一项高风险交易以及敢于主动退出的勇气，我们证明了斯坦福大学同仁支持胆大心细的冒险，尊重坚定勇敢、以价值观驱动的行动。

就个人而言，我并不觉得遗憾。敢于冒险，并在这个过程中构想一所 21 世纪的大学可能的面貌，这是一个正确的选择。同样地，当这项交易违背我们的基本原则时，决定退出也是正确的。一周之内，虽然报纸仍在报道这件事，但我已经开始寻找可以实现类似变革的新机会了，或许是一个能对世界产生更大影响的机会。正是这种求索催生了我设立奈特 - 汉尼斯学者项目的愿景。

当你抱有勇气进行领导时，虽然你可能不得不放弃一些梦想，但你的努力也不会白费，或许，你甚至会对自己收获到的东西感到惊喜。

关键要领 Leading Matters

1. 面对麻烦的情况时，把你的行动与你所在机构的核心使命及价值观联系起来至关重要，这样做将为你注入钢铁般的勇气。
2. 没有人时刻处于“战备”状态，但一个领导者要懂得在对的时机代表社区挺身而出，这对领导者的角色至关重要。而无论以书面还是演讲的形式，这样做都需要很大的勇气。
3. 当你专注于为你的组织发声而不是以你的个人身份发言时，你就成了这个组织的化身，并因此在发声时获得了一种只代表自己说话时所不具备的力量和自信。
4. 勇气意味着愿意尝试，并且不断尝试，即使你没有成功。
5. 一旦对问题建立起全局性认识，我们就可以坚定自己的立场，或鼓足勇气做出改变。
6. 就算冒险与你的本性相背，为了组织的利益，你也必须找到实践它的勇气。

第 6 章

合作与团队配合，一个人不能包打天下

始于萍水相逢，
融于同甘共苦，
达于勠力同心。

——
亨利·福特

Your team,
not one you order into action,
but one in which
you actively participate.

你的团队
之所以称为“你的”，
不是因为你在其中发号施令，
而是因为你积极地身体力行。

第 6 章　合作与团队配合，一个人不能包打天下

合作，或者团队配合，在我们看来并不常与伟大的领导者们联系在一起。毕竟，成为领导者意味着你不必与人搭档，你要做的只是发号施令，对吗？你一路奋斗成为领导者并不是为了和人分享你的权威的，对吗？就算有团队，你也应该是在其中发号施令，而不是成为团队中的一员。

但就我的经验来看，事实却恰恰相反。

实际上，领导力与合作和团队配合密不可分。当然，你可以独自完成特定的一些工作，但绝大部分的重要工作都是由一个团队完成的——你的团队之所以称为“你的”，不是因为你在其中发号施令，而是由于你积极地身体力行[1]。

这也许不是你第一次听到这种说法，但你可能没听过的是：你的团队成员应当与你平起平坐，甚至从所做出的贡献

来看，他们中的一些人比你更强。我见过不少团队，他们的老板不仅扮演着领导者的角色，还充当着团队统治者的角色。他的贡献必须要优先被认可，并且要显得比其他所有团队成员的更重要。这可不是一个团队，至少不是一个成功的团队，这是种不入流的暴政。在我看来，"同侪之首"（primus inter pares），也被称为"平等成员中的首席"（first among equals）这种经典模式，往往能产生最好的效果。

高效的领导者不仅需要知道如何参与团队之中，还应当清楚如何建设团队、激励团队，深谙如何维护一个有益于激发创造性思维的氛围。在这样的氛围中，团队成员才有条件做出那些非线性的与非渐进式的贡献，从而造就非同一般的成果。

话虽如此，我必须要承认，我也并不是天生就善于团队合作。我之所以能够成为一个踏实的乐于合作的人，其实是得益于在科学和技术研究中受到的训练。这些学科教会了我如何更好地与他人合作，并且让我懂得当两个或更多的头脑一同工作时，大家协同合作，成效要比单打独斗更为显著。

在硅谷和斯坦福大学生活和工作的每一天，我越来越笃信这一点。我发现很多时候，最终做出最杰出贡献的往往不是领导者，而是团队中那些资历最浅的成员。导致这个结果的原因有很多：年轻人更具活力，有更强烈的冒险意愿，更快接触到最新的发明创造，他们抱着反权威的心态，不怕名声受损，不愿受已有经验的束缚。不管是在高新技术公司还是在学术圈，这种现象都广泛存在。这就是为什么这些领域的人要不断地努力打破边界——既在团队之内，也在团队与团队之间。解除横向与纵向的壁垒，会使得更多的人有机会为项目做出关键性的贡献，无论他是一个研究生，是新来的基层员工，还是其他团队的某个成员。

想要摆脱层级制的思维并非易事。当人们拥有更多经验并身居高位时，他们不会愿意与资历尚浅、比自己级别低的员工分享自己的权力。这是人之常情。权力的“扁平化”在科学家和工程师之中更容易发生。主要原因有两个。第一，自然科学向来有这样的传统，年轻人相比他们的前辈，更经常能够做出重大的发现。要记得爱因斯坦的“奇迹年”[①]发生在他 26 岁的时候。就个人贡献来说，科学家和工程师通

① “Annus mirabilis”是拉丁语，翻译成英文是“wonderful year”，也就是“奇迹年”的意思。1905 年爱因斯坦接连发表四篇重要的论文，分别研究布朗运动、光电效应、狭义相对论以及 $E=mc^2$。——译者注

常会在 20 ～ 50 岁之间达到他们的职业巅峰。正因为如此，大多数资深科学家都承认，能够取得真正意义上所谓突破的是那些“孩子”。而老一辈们则会借由其他方式贡献力量，比如作为导师、团队领导者或是协调者。

第二，科学和工程都是定量的：我们能够客观地去衡量和评估一个想法的重要程度。通过谨慎地记录每一次实验，当有团队成员对结果不满意，或者对于成果应该归功于谁存在异议的时候，我们总能有据可凭。

然而，诸如市场营销、产品设计、高级管理或者战略规划等不那么依赖实证的领域，则无法评估得那么清楚。所以我们该以什么衡量？又该如何衡量？成功可以是许多人共同努力的结果，而当具体论及每个人的贡献时，就会存在相当大的争议。可想而知，在这样的情况下，一旦放任不管，层级制很有可能会浮出水面。从老板到实习生太安于等级高低，可并不见得是一件好事。一旦陷入论资排辈，很可能会埋没一位具有真知灼见的基层团队成员。

让每个人都能拥有平等的机会做贡献，对于你的组织文化至关重要。而作为领导者，这种文化需要从你做起。当你足够谦逊，能够真正成为一个具有团队精神的人时，当你能够由衷地赞赏他人的贡献时，你和团队已经走在了通往成功的路上。

建立高效团队

除了在合作性的行为上树立榜样之外，为了打造一个成功的团队，领导者必须要挑选出合适的团队成员并且为团队运行制定基本的规矩。这项任务或许并不像它看起来这么的简单直接。我在斯坦福大学参与自 1980 年开始的 MIPS（每秒百万条指令）项目期间，对此深有感悟。

我们的探索研究开始于一个非常简单的问题："单个芯片是有可能搭建出完整的计算机的。那相比单纯地复制小型机和大型机，我们是否应当以别的方式搭建它们？"当意识到我们正在构建的是一项在根本上是全新的、从未被证明过的发明后，我们开始着手组建一个跨学科团队，以保证有能力应对所有可能发生的情况。我们需要能够设计集成电路的人、熟悉计算机组成和系统结构的人以及了解编译器和操作系统的人。最后，由于我们只有一个很小规模的团队来设计微处理器和它的核心软件，我们还需要有能力自己搭建计算机辅助设计工具的人，才有可能以小搏大。

在我们的团队中，我和很少几个教师同事负责维护工作环境、提供组织支撑和一些特定领域的知识（例如我就是初始编译器专家）以及做出判断。其他的组员都是研究生。我们预期到了大多数关键性的想法会由他们提出来。他们有更新颖的跨学科思维方式，能很好地平衡必需的软件和硬件能力。这正是我们所需要的年轻聪慧的头脑——有意愿重新审视和革新现有的知识。他们擅长独立思考并具有批判性思维。

教师们的任务是为我们的调查研究设计流程。我们会从针对问题的头脑风暴入手：整个团队都会阅读相关文字资料；然后大家会提出自己的想法来讨论。虽然我们鼓励创新思维，但这些想法并不能是完全的天马行空——如果那样，整个过程会没完没了。这些想法都会受到现实边界的约束，同时也要考虑到现实中的合理性。设置这些边界的就是我们这些“老前辈”（我当时 28 岁，却已经算是“老前辈”了）。

正如杰夫·贝佐斯在他的两个比萨定律（two-pizza rule）中所描绘的，所有会议的规模都应该小到可以用两个比萨喂饱所有人，因为小型的团队更有效率。我们正是这样一个团队——一小撮顶尖的善于思考的人。另外，研究表明，生产力最高的团队人员组成都在技能、看问题的视角以及个性方面拥有最大限度的多样性。那么如何在保持团队统一协作的同时，最大化团队内部的多样性呢？这对于任何团队的领导者都是最大的考验。

我们团队的跨学科特点自然也会带来一些挑战。当你把众多领域的人才集合起来时，你就必须平衡他们每个人在团队里所拥有的权力。否则，团队就可能会分裂成很多小团体，而这通常都会发生在拥有相近技术语汇的成员之间。另外，各学科团队成员所负责的内容不尽相同，这也导致了等级制会在不同的专业之间形成。一些学科的成员会觉得他们所做的贡献比别的学科都更有价值且更为必要。

其实，制定一些基本规矩可以帮助我们规避这些团队内部的争斗。首先，我会提醒每一个人我们有共同的目标：我们想要做成一件伟大的事。而要想使它伟大，每一个环节都必须是杰出的。这就能使团队成员对彼此的专业能力有了最基本的尊重。

除此之外，为了支持创新性的跨学科思维，我设立了第二项规矩：在刚开始的时候，我们不批判任何想法。相反，我们会仔细思考，不能以是谁提出的作为评断标准，也不能先入为主地妄下断言。

为此我又添加了第三项规矩：我们提倡视角独特的质疑，这是非常必要的。而为了让这些质疑更有价值，就要做到以尊重为基础去提问，用开放的心态去聆听。任何一个想要有所成就的团队，他们的想法都需要经历有力的甚至不留情面的挑战。这些挑战必须是针对想法本身的，而不能是针对提出想法的团队成员。

这就引出了我的最后一项规矩：团队成员必须被尊重，且这种尊重是相互的。毕竟，我们如果没有优秀到与这个团队相匹配，就不会被邀请加入其中。尤其是当一个团队的成员都是最顶尖的人才的时候，队伍的领导者必须要粉碎嗓门大就能取胜的想法。相反，你必须要营造一个鼓励有理有据的讨论的氛围。这样的讨论应该是摈除人身攻击和过激情绪的。在 MIPS 项目中，所有的团队成员都依此规范行事，并贯彻始终。

在 MIPS 项目以及后来在硅谷的工作经历，令我受益匪浅。这些经历为我后来担任斯坦福大学的校长打下了重要的基础。尤其要指出的是我在团队配合上坚持了相同的原则。我鼓励团队成员提出新颖的想法和视角独特的质疑。我从来不会因为一个人提出了一个值得关注的问题而攻击他。相反，我会因为他们未能提出这样的问题而责备他们。我想让我的团队成员能够放心地说："你知道吗，约翰？我觉得你这么做是错误的。"我最需要我的团队成员勇于发声。

找准你的角色：成功合作的关键

我在职业生涯中，曾经加入过很多团队，参与过很多合作。但其中最重要的两次经历截然不同。这里就体现了有效合作的另一个前提条件：你必须找准自己的角色并做好它。

这就是为什么当我还是一个教授和研究工作者的时候，和吉姆·克拉克的合作会如此顺畅。我第一次见到他时，就已认定他注定会改变世界，他是一个天生的冒险家。他不怕犯错，也不怕冒犯到与他意见不同的人。他看起来就好像从不能把事往小处想，而同时他也不太能听得进去意见。很多人都认为和他共事会很棘手——他聪慧不凡且魅力过人，但也神经兮兮且要求甚高——可我却从没有感受到这样的困扰。事实上，我们合作得非常愉快。为什么呢？有两个原因。第一，我欣赏吉姆对于伟大事业的执着和对于成功的信念。他向往成功，我也一样。第二，我很快找准了自己的角色定位并依此行事：吉姆有他对于计算机生成图形（computer-generated graphics）的宏大愿景和核心理念，而我负责搭建工具来帮助他实现他的愿景。从这段经历中，我学到了很多。这些也为我几年后创立美普思公司打好了基础。

15 年后，我作为校长和约翰·埃切门迪的合作关系却截然不同。他就像是吉姆·克拉克的对立面。虽然他们俩都是绝顶聪慧的人，但埃切门迪处事老练，井井有条，是我见过最有耐心的人。

埃切门迪曾是斯坦福大学的哲学教授。作为一个逻辑学家，他在计算机领域也颇有建树。我曾经在斯坦福大学的教学技术委员会和他短暂地共事。那时我就知道他是一个具备真知灼见的人，且他对斯坦福大学的未来充满兴趣。埃切门迪曾以继任校长选聘会联合主席的身份推选我成为校长。反过来，我又委任他为学校的教务长，掌管斯坦福大学的运营事宜。

很多教务长在接任这项职务的时候都把它视作成为校长的垫脚石。在位时，他们中的一些人发觉自己并不享受运营管理大学这项庞杂的工作。另一些人则发现，作为平日里掌管教师任命和学术研究预算的人，教务长很容易四处树敌。这就导致了教务长的任期平均往往只能维持 4 ～ 5 年，而埃切门迪在这个职位上做了 16 年——比斯坦福大学的任何一任教务长都要久得多。是什么使他能够坚持得这么久呢？一个原因是，他并不觊觎大学校长的职位。更为重要的是，他能胜任这项工作，他游刃有余地操控着 50 亿美元的资金，同时能尽量避免为此树敌。

我俩能顺利搭班工作的原因有很多。我们都清楚自己的角色并各司其职。我主外，他主内。我以擅长规划闻名，而他实际操纵着整艘船航行。在我与吉姆的搭档关系中，我们都得小心不要越界。而我和埃切门迪的关系就截然不同，我们两人之间几乎没有任何界限可言。在很多情况下，我们的位置几乎是可以互换的。我在考虑请他以我的名义参加任何大学的会议、集会或者活动时都无须犹豫。我明白他可以像我一样很好地代表校长办公室。而他所持的立场以及他所提供的信息都会准确无误地反映我的想法。埃切门迪和我完全信任彼此[2]。我知道我既可以依靠他管理复杂的事务，也可以期望他与我分享我需要知道的一切。我之所以能够在斯坦福大学担任校长长达 16 年之久，很大程度上是因为埃切门迪和我的搭档关系。

齐心协力，成就大事

在我们分别担任校长和教务长的早期，我和埃切门迪曾经遇到过很大的难题。斯坦福大学要更换自己的橄榄球体育场。当时的体育场建造于 1927 年，已经年久失修。这个项目耗资巨大，而且这部分支出和我们当时正打算推出的重要学术计划所需的经费存在冲突。我们无法着手开展这个项目，亟须帮助，所以我们给约翰·阿里拉加（John Arrilaga）打了一通电话。阿里拉加是斯坦福大学校友，也是之前校篮球队的队员。多年来，他一直是斯坦福大学体育事业坚定的支持者。此外，阿里拉加刚巧还是硅谷最成功的商业地产开发商之一。他精通盖楼，高效且节约成本。

阿里拉加提出了一个解决方案：他可以为修建新的体育场提供支持并帮助我们筹集资金，但是他希望能对体育场最终的设计方案有决定权并能牵头负责建造的全过程。在通常情况下，没有组织会把如此重要的资产的控制权拱手让给一个志愿者，尤其是当这个项目的预算可能会是一亿美元甚至更多的时候。当时，我们的一些职员和董事会都表达过担忧。然而，埃切门迪和我曾经与阿里拉加有过良好的合作经历，我们信任他会为斯坦福大学做正确的事。要问是否依然有质疑声？当然是有的。但是我们最终认为这些风险是有必要承担的。我们的合作也就此展开。

2005 年感恩节的周末，在结束了最后一场与圣母大学（The University of Notre Dame）的对决之后，推土机开进了场地里，拉开了工程建设的帷幕。2006 年 9 月 16 日，仅仅不到 10 个月之后，斯坦福大学迎战美国海军学院（NAVY）的比赛在新场馆打响。约翰·阿里拉加的设计远胜于我们之前的预期。另外，和很多其他学校的体育场馆不同，这个项目在竣工时并没有欠下高额债务。

在接下来的 10 年里，阿里拉加——后来大家都叫他 A 先生——承担了斯坦福大学许许多多的建筑工程。这里面包含学生宿舍、三个健身场馆、篮球馆的扩建、新的比赛和练习场地以及新的招生办公室。在我的校长任期内，他投资并监管了数十项重要工程项目的建设。像这样由捐赠者紧密参与设计和工程建设的合作方式并不常见。这种方式与大学实施重要工程项目的典型模式相去甚远。但显然，这种方式对斯坦福大学是奏效的。这样的搭档关系一直延续至今。我离任校长之职之后，教务长和阿里拉加达成协议，阿里拉加将会投资并建设校园内最大的学生宿舍。考虑到旧金山湾区疯长的房租，这项工程可以解决大家的燃眉之急。

我们和著名艺术品收藏家安德森家族的合作方式就截然不同。那次合作是为了完善斯坦福大学的艺术环境。安德森夫妇及女儿多年来私人收藏了一整套一流的现代美国艺术作品。这其中包括杰克逊·波洛克（Jackson Pollock）、马克·罗斯科（Mark Rothko）、理查德·迪本科恩（Richard Diebenkorn）、菲利普·古斯顿（Philip Guston）、山姆·弗朗西斯（Sam Francis）、伟恩·第伯（Wayne Thiebaud）、威廉·德·库宁（Willem de Kooning）、内森·奥利弗瑞（Nathan Oliveira）、罗伯特·马瑟韦尔（Robert Motherwell）等人的作品。感谢我的妻子多年来对我的熏陶，我对于这些艺术家的作品都不陌生。我之前的几任校长曾经和安德森家族的人沟通过，希望他们能把部分收藏捐赠给斯坦福大学，却都没有成功。我感觉是时候再尝试一次了。当然，我们需要为此集结一支新的斯坦福团队。引入安德森家族的收藏将会改善斯坦福大学的艺术收藏水准并且帮助斯坦福大学在艺术领域占有一席之地。

斯坦福团队开始与安德森家族接洽。我们明白安德森家族投入了毕生心血和财力才获得了这些收藏。这一系列收藏目前价值数亿美元。我们得知他们希望这些收藏可以被安置在同一个地方。在那里，这个系列可以被整体展出，并得到妥善的保存。我们能否想个法子在斯坦福大学的校园里建造这样一个场所呢？我曾担心建造和维护这样一个场所开销过高，尤其是在当时看来，这笔开销很可能会占用斯坦福大学的核心预算。然而，我们没有停止和他们的交涉。当确定这些收藏真的能被捐赠给斯坦福大学的时候，我们又去联络了许多朋友。他们对艺术的重要性心怀信仰，并且深知这些收藏的加入将会大大提升斯坦福大学的艺术收藏水准。于是他们出资帮助我们建造了一座美术馆。如今，身处斯坦福大学校园周围的人们以及世界各地的游客都可以在斯坦福大学共同欣赏安德森家族的收藏。

正如这个例子所揭示的，合作远远不只是把一群性格各异的人拼凑在一起工作，然后寄希望于他们之间的关系可以自动达到平衡。它更像是一段婚姻关系——你们为了整体目标而妥协、调整。你们共同面对疑虑并携手解决问题。这两种合作都不是典型的学术式的合作——在上述两个项目里我们所应对的都是创立了大型公司且处事风格强硬的企业家，但在两个项目中我们都达成了任何标准式的学术合作都不可能达成的成就。靠着跳出传统的关系结构去思考问题，并建立起真正意义上的合作型团队，同时聚拢各方的兴趣所在，我们做成了举世瞩目的大事。

与上级合作

目前为止，我们讨论过了作为领导者的你如何与自己的员工开展合作，以及如何开展那些打破了你们组织边界的合作。然而，大多数人都还有更高层级的领导者，所以我们需要学习如何与上级合作。

在任系主任、院长以及教务长期间，我在各个岗位上都有直属上司。学会和他们合作对于我在这些岗位取得成功起着重要的作用。同等重要的是，通过回顾我的上司如何激励我、挑战我，使我发挥潜力达成目标，我学会了如何让自己成为一个更高效的导师。

在我接任校长后，校董会正式成为我的上级。校董会由

30 ～ 35 个董事组成，由董事会主席领导。我曾经和四任杰出的校董会主席工作过：艾萨克·斯坦、伯特·麦克默特利（Burt McMurtry）、莱斯利·休谟以及史蒂夫·邓宁（Steve Denning）。他们扮演着双重角色，既要保证校董会成员们积极参与工作，还要作为校长对校董会的工作搭档施加影响。他们不仅要在校董会主席四年任期内投入大量的时间，还要不断地奔波于我们共同参与的各种募款和校友外联活动之间。

大学校董会和公司董事会的运作方式基本相同（除了大学董事们都是志愿参与的）[3]。当然，董事会兼任着信托监管的角色。当管理层未能很好地为机构服务的时候，董事们需要进行干预。然而大多数时候，董事会和管理层会愉快地维持一种相互合作的关系。董事会以顾问的角色支持着 CEO 的工作，他们运用自己的知识和技能来提高管理层的能力。相对的，CEO 的工作就是让董事会及时了解公司动态，我们过去常说管理层不要为董事会“制造惊喜”，而是请董事会对重大决策和战略方向开展讨论，贡献他们的智慧。

与校董会愉快合作的关键在于两个准则：在互相信任的前提下，厘清并尊重我们彼此的角色。校董会明白他们的职责并非管理和运营学校，那是管理者们的工作；相对地，管理者们也知道校董会有着绝对的权力为维护学校的声誉以及确保学校财务状况长期良好，去任命和评估学校的管理者。董事们是未来几代人利益的守护者。理清这些角色和职责能让我们建立信任关系：我对校董会坦诚直白，并且我们一定会让校董会参与每一次重要的决策过程之中。我也相信，他们会听从并支持学校管理团队的决定。

在一个像斯坦福大学这样的非营利性组织里，校董会还扮演着另一个重要角色：它本身是一个慈善捐款的来源，它给予和募集的捐款让斯坦福大学得以繁荣发展。校董会与整个学校管理团队的合作是否顺利，对于此类工作的成功与否至关重要。在第 7 章中，我们会看到学校管理团队如何与一群现任或前任校董会成员通力合作，共同推动斯坦福大学制订、实施一项长达 10 年的战略计划。

选择和管理团队领导者

作为领导者，你迟早会发现自己不仅要参与你所搭建的团队之中，还需要把团队的领导权委托给其他人。这是一个全新的挑战，而克服这个挑战的重中之重是挑选一个团队领导者并帮助他取得成功。怎样才能挑选到对的人？谁能为你召集一支人才济济且相处融洽的团队？谁能创造一个互相尊重且崇尚多产的团队文化？谁又能让团队里的每个个体产出最好的绩效，最终达成大家的整体目标呢？

一开始，你会觉得这种角色转变很困难。可想而知，正因你是一个优秀的团队领导者和团队成员，才坐上了现在的位置。而现在，你要委托别人做这份工作。你如何才能确认这个人可以胜任这份工作呢？有一种说法是，出类拔萃的球类运动员常常会难以承担教练或球队经理的工作，因为他们会用他们自己之前作为运动员时所呈现的技术能力和拼搏方式来和队员的表现相对比。同样地，当为团队选拔新的领导者时，你或许会发现你因为怀疑他们能否做得像你一样好而否决提议。虽然这样的评断有时是准确的，但也有些时候你会发现你过度美化了自己过去的表现。要记住，你自己也是花了时间才锻炼出现在所拥有的能力的，而且一路上也一定跌了不少跟头。要注意，不要狭隘地妄图找到能和你做得一样好的人，而是应该放宽眼光去寻找那些能够与人愉快合作，并且展现出能够胜任此项工作的领导力特质的人选。

一旦选定了团队的领导者，你就必须站到一旁，放手让他开展工作。毫无疑问，最可能出现的危险情况就是你对他的行为指手画脚，觉得他只做到了 B+ 或者 A−，而要是你的话则会拿到 A+。你甚至可能会有冲动想去干涉他的工作，帮他避开本可避免的错误。然而，除非这个团队已经混乱无章到所有人都有目共睹，否则你必须要抑制自己的冲动。团队领导者会犯错，这是他们进步的过程。无论你是否还记得，你自己或许也正是这样一点点进步的[4]。

信任你选择的团队领导者，并相信你自己的判断。作为高层领导者，你并没有时间、精力也没有权责去事无巨细地管控你所任命的管理人员。换句话说，只有当你发现事情已经脱离轨道，或者别人向你指出这样的问题的时候，你才需要去干预。

有时，干预意味着像教练一样去指导一位正深陷困境的团队领导者。很多时候，提出正确的问题可以帮助团队领导者领悟他们需要考虑的关键问题：这个团队团结吗？他们有认清自己的机遇和挑战吗？他们有计划去寻求更广泛的支持吗？我曾经遇到过很多团队，他们的领导者和核心成员有着明确的愿景，但是他们没能调动起更广泛的群体的支持。而没有这些群体的支持，只凭他们自己的努力是不可能成功的。如果你选对了人并且问对了问题，你的团队领导者会对此心领神会并去解决这些问题。

如果教练方式并不能解决问题，你就需要考虑是否要更换你的团队领导者了。那么，在招募和录用新的领导者的同时，你是否有时间充当临时的团队领导者？如果你不能投入足够的时间和精力，更换领导者对团队来说就可能会得不偿失，还不如维持现状。

在一些情况下，即使我怀疑领导者能力不强，我还是会继续推进工作。有时候，当组织有紧迫的需求或者你察觉到一个稍纵即逝的机会时，你会意识到你别无选择。在这种情况下，我会在可能的范围内选择最佳的领导者，但如果团队乱作一团、运行缓慢或者出现领导者不能凝聚和激励团队成员的情况，而你没有更好的人选可以接任，你就需要做出一个艰难的抉择：及时止损，重新出发。这样的情况发生时，我尝试得体地做个了断，认可阶段性的成果，让团队体面地宣称取得了某些成绩，但与此同时，把资源转移到更加值得投入的项目和更强的团队中去。在下一个小节中，我们将讨论如何应对合作分崩离析的状况。

当合作的努力付诸东流

很多原因会导致团队合作失败，而这也不是团队领导者的意愿所能决定的。有些时候，一项举措之所以行不通是因为提出它的人没能在组织里找到所需的支持；或是因为你的举措的基本理念并不像你想象的那么令人信服或受到鼓舞。当我们尽了最大努力却未能奏效时，该怎么办呢？要记得保持谦逊。

在 2007 年，我曾经遇到过这样一个情况。那时候我们提议要扩大本科招生的规模。通过对国内趋势的调查，我发觉人们对于上顶尖大学的需求十分强烈，无论是公立学校还是私立学校。2007 年，2.5 万人申请了斯坦福大学的本科部，最终我们按计划接收了其中的 1650 人。从 2000 年开始，申请人数增长了将近 50%。而在之前的 25 年间，顶尖私立大学的招生人数增长得很少，大多数只增长了不足 5%，而与此同时申请者的人数已经翻了不止一倍。尽管公立大学的招生规模有所增长，但它们中的大多数都因为政府的投资缩水而面临着财务难题，因此不再能应付日益增长的需求。

对我来说，扩大本科招生规模在道德层面上是一件势在必行的事情：斯坦福大学有能力获取资源来扩大规模，而且我们有着超级优质的生源，因此有责任尽可能地去接纳更多出类拔萃的学生。我在教授中成立了一支特别工作小组，我挑选的人都是我认为既会支持扩招又能为此次尝试提供建设性意见的。同时，我开始与校董会探讨这件事。

结果，在道德层面势在必行的说法并未能打动大部分人。对于他们来说，每年增加几百个招生名额并不能真正地解决这个问题。几名校董会成员和特别工作小组的教授成员担心的另一点在于：我们需要关注本科生教育的相关环节，尤其是预科指导和住宿问题。他们认为我们需要先引入资源来完善本科生的教育，而不是把这些资源用来扩大招生。

教务长和我都无法同意这种说法。我们觉得本科生阶段的教育氛围已经相当好了。没人能确定投入更多的资源可以让它变得更好，至少从投入产出比来看不会更高。然而，我们的反方非常顽固，难以说服。我们能够简单地推翻反方的意见吗？我想是能的，但是那将会瓦解我们之间相互信任的关系。毕竟我们需要教授们的帮助来试行新的政策。

结果，在特别工作小组完成最终报告的时候，金融危机爆发了，这也给了我们一条简单的出路。我们把扩招的想法搁置了 5 年。当再拾起这个想法的时候，没有人再反对我们了。我们找到了办法来激励捐赠者，让他们同时支持扩招、改进预科指导以及改善住宿条件。

事后来看，我们第一次努力失败要部分归咎于我。毕竟，是教务长和我挑选的特别工作小组的成员，建立了框架，并让他们投入工作。尽管如此，把扩招的想法搁置几年是一个正确的决定。正因为金融危机，我们得以尽可能体面地退场，及时止损。有些时候，得体的解决方案并不会自己出现，就像我们在和纽约市谈判过程中所经历的（见第 5 章）。在这样的情况下，尤其当在缺乏支持的条件下一意孤行可能会危及重要的关系、未来的政策、组织的稳定发展时，我们需要找到勇气去承认自己的错误，并且抓住其他机遇继续前进。

庆祝团队的成功

当合作进展得一帆风顺，或当一个团队达到甚至超出了预期目标时，通常情况下团队成员都不想看到项目结束的一天。但事实上，如何结束一场合作与如何开启一场合作同样重要。

在成功的团队里，每一个人各不相同，但却能够求同存异，为同一个目标奋斗，并最终大功告成。他们为更大的事业做出了重要的贡献。这些都是极其珍贵的财富；你要尽可能地保持并将其发扬光大。你也许想要和这些团队成员再次合作，至少要把他们闪耀着光芒的优秀品质带到别的团队中去。你或许还想将其中最有能力的几位团队成员晋升为团队的领导者。你怎样才能做到这些呢？

在一个快节奏的工作环境中，最为常见的做法是用一句简单的感谢来贸然解散一支成功的团队。或者更糟糕的是，随着成员们独自或结伴离开，让团队自然解散。然而，如同人类文化中每一个伟大时刻所揭示的那样，团队的付出与成功应该以庆祝与典礼画上句号。相聚之时，让每一个人的付出都得以被赏识，让整个团队的各项成就能贯穿典礼过程，并给予褒奖。

这类庆祝很容易就会被无视，被看作退休告别派对，但这也是很有意义的时刻。作为一直在监督整个团队的那个人，操办这项活动是你能为这个团队做出的最重要的贡献之一了。从领导者到最基层的成员，所有人都可以从庆祝活动中感受到：他们对于团队来说非常重要，他们取得的成果对于团队的成功十足珍贵。

在我任职校长期间，我的妻子和我在家里操持了许多场晚宴。我们举办年度感恩活动对学术部门和管理部门的领导层致以感谢，或者共同庆祝学校收到的巨额捐赠。在我校长任期的最后一年，我们决定要为那些在我任职这 16 年间，对我们共同取得的成功至关重要的志愿者和支持者们做一些特别的事情。所以，我的妻子和我决定举办一系列答谢晚宴，邀请校董会前董事，一些主要的志愿者和顾问以及那些曾经帮助我们发起和支持我们最重要的一些提案的人。我们想用这些晚宴表达的是："过去的 16 年间，我们在斯坦福大学取得的每一项成就都是大家共同铸就的，你们每一个人都做出了重要的贡献，为了学生们和老师们，让斯坦福大学变得更好。没有你们的话这一切都无从实现。"

在这些活动上，在所有参与者的注视下，我会在房间里来回走动并且感谢每一个人，感谢他们曾经为了我们的成功所做过的那些具体的事情。我想让每一个人知道，他们的那些具体的行动是如何让我们的学校变得更好的。我想让他们听到他们的付出不可或缺，而我对他们感激万分。

这一系列晚宴都棒极了，真诚的感恩和流动的善意鼓舞着我们每一个人的心。这难道不正是合作的意义吗？不正是团队带给你的，超越自我的价值吗？为什么要等那些重要的人，等你的团队成员都各奔前程之后再醒悟到他们对你意味着什么呢？为什么不在你们还是一个团队的时候，就相聚一堂共同庆祝呢？

关键要领 Leading Matters

1. 最高效团队的人员组成都在技能、看问题的视角以及个性方面拥有着最大限度的多样性。
2. 要记住，你自己也是花了时间才锻炼出现在所拥有的能力的，而且一路上也一定跌了不少跟头。不要狭隘地妄图找到能和你做得一样好的人，而是应该放宽眼光去寻找那些能够与人愉快合作，并且展现出能够胜任此项工作的领导力特质的人选。
3. 信任你选择的团队领导者，并相信你自己的判断。只有当你发现事情已经脱离轨道，或者别人向你指出这样的问题的时候，你才需要去干预。
4. 合作关系像是婚姻关系——你们为了整体目标而妥协、调整。你们共同面对疑虑并携手解决问题。
5. 团队的付出与成功应该以庆祝与典礼画上句号。作为一直在监督整个团队的那个人，操办这项活动是你能为这个团队做出的最重要的贡献之一了。

第 7 章

创新，
打开商业和学术成功之门

若想收获成功，
仅仅靠计划是不够的，
还需要某一刻的灵光乍现。

——

艾萨克·阿西莫夫

The real power of academic and commercial symbiosis lies at this interface between ideas and implementation.

学术界与商业界共生的
真正力量在于可以
让创新想法与商业实践相结合。

第 7 章　创新，打开商业和学术成功之门

我们都听过这样一句谚语：只有变化是永恒不变的。借助于创新与数字革命，变化的速度日益加快。身处硅谷的我们，在过去的 50 年中，对此深有体会。现在，全世界都能感受到这种趋势，也没有任何迹象表明变化的速度有所减缓。

而且，我们都能感知到，变化的本质是它经常会以不同的方式呈现。商业领域和学术领域的变化是不同的。有了在斯坦福大学的工作经历和在科技领域的创业经历，我亲身感受到了这两者的区别。我的职业生涯似乎看上去多姿多彩：从创立美普思公司、向陌生的投资人推销新的理念，到帮助公司上市；从担任多家科技公司的董事会成员到回到起点成为天使投资人；从一名大学教师到成为大学的管理者，与上千的教职人员和数以万计的学生打交道、管理数十亿美元规模的预算和数百亿美元的资产。要知道，斯坦福大学及其附

属医院每年的收入总和可以让我们学校名列财富榜 500 强，其总资产与好市多（Costco）不相上下。

尽管无论是在学术界还是产业界，创新都扮演着重要的角色且变化迅速，但创新产生作用的方式截然不同。如果不能认识到这一点会非常危险。如果用运营大学的方式去经营企业，没有人会把你当回事；相反，如果用经营企业的方式去运营大学，学校的教师们会有很多反对意见。但两类机构要想更好地生存下去，都必须要创新。

积极自由地去开展创新活动

学术界和产业界最大的不同在于时间维度和看待风险的态度。我的经验是，在大学这样的组织中，你会看到更多的创新是源于好奇心或是意外的发现。为什么会这样呢？通常学者的工作是没有明确的时间期限的，他们不需要急迫地推出产品以应对市场竞争，也不需要承担因此带来的风险。的确，学者们不需要设计并制造出完整的解决方案或产品，他们只需要努力在某个领域做到领先或是去验证一个新的想法就可以了。因此，他们可以很从容地在好奇心的驱使下开展研究，也因此会有许多意外发现。没有下季度的业绩压力，也不用去考虑明年要推出什么新产品，学者们有更自由的时间去开展那些可能会改变世界的基础研究。实际上，这些在未来有革命性意义的研究比渐进式的改善对社会的贡献更大。

30 年前，我们在斯坦福大学着手创办美普思公司时，就意识到了这是微型化的新时代，感谢半导体技术和摩尔定律（Moore’s Law），这让我们了解到面前的机遇如此丰富。那时英特尔和摩托罗拉公司已经拥有制造微型电子计算机的能力，而且处理能力可以集成在 1 ～ 2 个芯片上。这种被称为微处理器的新型芯片已经在改变整个科技世界。

身处斯坦福大学，我们所看到的是，类似微处理器这种被看作具有革命性意义的发现，实则最初的版本只是为产品化而设计的解决方案。英特尔和摩托罗拉公司都急于将产品推向市场，尤其是英特尔公司还受到与日本合作公司的合同制约，因此做了很多妥协。相比企业，学者不需要做出这些妥协或担心兼容性的问题，我们可以不受任何约束地去开展研究。这是在大学实验室工作的特殊优势。我们可以很奢侈地提出宏大的问题：如果现有的微型计算机甚至是大型主机的设计方式其实并不适合微处理器会怎样呢？

最终的结果是，美普思公司简化了计算机功能结构中的指令集系统。事实证明，这对计算机行业和电脑及主机游戏行业都产生了深远的影响。实际上，如果你年龄超过 25 岁，你就不可能没用过带有 MIPS（每秒百万条指令）芯片的设备。

商业领域是否可能创造出类似 MIPS 的技术或产品呢？或许最终也有可能，但学术界会继续设计出更加有创新性的解决方案，并从设计伊始便加以完善，这对新设计理念的产品化应用至关重要。

毋庸多言，随心所欲地去开展研发工作确实也会大大增加 MIPS 设计彻底失败的概率，或是会因太过不切实际而无法得以应用，许多工业界的工程师就认为我们的实验室原型产品无法大规模商用，做出“真正的计算机”。这就是问题之所在。在大学实验室里，你可以承受这些风险，做基础的前沿研究并因此获益，不用承担什么负面影响。相反，如果只追求做出带来渐进式改善的研究则不会获得广泛关注。

创新驱动创业

我已记不清曾多少次与学生们进行过这样的交谈。同学们通常会开门见山地说："我想创业。"当我问到他们掌握了哪些技术时，他们的回答通常是"嗯……目前还没有，但是我很想创业！"我会提醒这些同学伟大的创业公司都源于伟大的技术发现，至少也要做出创新应用，例如 eBay、爱彼迎（Airbnb）、优步（Uber）等。创新会为睿智的创业者带来巨大的机遇，绝不是开了家创业公司，就能研发出创新技术。

大学的研究环境为创新提供了自由的氛围，在学校里，学者们可以摆脱实际应用层面的束缚。这里有许多领域的开放性问题可供研究，比如，在宇宙大爆炸后的几微秒内发生了什么？虽然这些问题非常引人注目，但很多研究项目仅仅只停留在有趣的层面，而另一些研究项目却可以产生重大发现并得以实际应用，很难讲孰优孰劣。的确，只有一小部分研究既能带来知识体系的巨大进步又能快速创造出新产品或孕育出新企业。

走出校园，走进商业世界，对创新的期望会有所不同。市场的制约会让选择变得更少，让失败的成本更高。即使一些创新只带来微小的进步，仍有可能带来盈利；但任何发明只要不受市场青睐，就无法创造任何收益。在商业世界中，创新意味着要制造或提供人们想要的东西，即使人们还不知道自己需要它。

“不要问客户需要什么，因为创造未来不是客户的职责，应当是我的工作。”这是史蒂夫·乔布斯的经典哲学之一。这一点在 iPhone 这个产品上展示得淋漓尽致。想必没有多少人意识到自己有多需要一部智能手机，直到他们手上拿到它。别忘了，那时人们至少已经拥有移动电话和手持个人助理设备中的一种，或者两者皆有，而乔布斯把两样产品融合到了一起，突然间，人人都需要一部 iPhone。

还有一些颇具标志性意义的创新。我有幸见过雅虎和谷歌最初的演示版本，的确都让人惊叹，不由脱口而出：“啊哈！”雅虎令我感受到万维网（World Wide Web）可能会彻底改变人们的生活，而不仅是便于科学家或技术人员进行沟通；而谷歌则让我看到了更先进的搜索引擎，而且谷歌的算法远比现有市场上的其他产品先进。在我们见到这些产品前，完全无法想到会需要它们，而现在离开它们我都无法生活。

创新中的合作伙伴

学术界与商业界共生的真正力量在于可以让创新想法与商业实践相结合。因为在校研究生和教授们可以享受自由的研究环境，往往全新的概念和灵光迸发的想法会在大学中产生。但只有当这些想法被开发为应用，并有潜力带来经济效益后，才不会被束之高阁。风险投资机构、政府部门以及那些有雄心壮志的创业者的角色就是通过他们的工作，把这些想法产品化或基于此提供新的服务，让全人类因此受益。

谷歌就是最好的范例。在谷歌面世之前，我们使用 Alta Vista 搜索引擎，这也是一款很好的产品，显然比之前其他的搜索引擎都好用。谢尔盖·布林（Sergey Brin）和拉里·佩奇（Larry Page）当时还是斯坦福大学的学生，当他们用年轻人的眼光去审视 Alta Vista 时，发现机遇就在眼前。应用全新算法、近乎痴迷地投入、找到正确的计算结果后，谢尔盖和拉里有了更为先进的解决方案。后面加入团队的谷歌公司 CEO 埃里克 · 施密特（Eric Schmidt）则更了解用户，懂得获取用户信任的重要性，正因此，谷歌为人们提供了超越同类产品的搜索引擎服务。

最为特别的是，谷歌会根据用户的喜好而不是广告主的诉求推送搜索结果。它基于用户的搜索行为选择广告投放，而不是用广告影响用户的搜索结果。这种公开透明、可信赖的经营模式在谷歌的主页上也有所体现，谷歌本可以在这里销售广告位，但这只是一个让用户输入搜索关键词的简洁页面。对用户信任的重视和更优的算法，使得谷歌迅速占据了搜索引擎绝大部分的市场份额。

回顾历史上那些最成功的企业，尽管他们的创新都是在学术环境中孕育出来的，但学者们可能无法像公司领导者那样做出经营选择。简而言之，把一项研究发现或者新技术推向市场，需要专业人员来做，而这不是学术研究所能涉及的。但两者对于产品的成功都至关重要。首先，如果没有亲自做过，我们无法真正了解在研究成果市场化的过程中会遭遇哪些问题。其次，在这个过程中我们所做出的选择，那些权衡利弊后做出的决定，对结果的影响跟最初的研究发现一样重要。简而言之：学术界与产业界，彼此需要。

学术与产业：寻求协同，转化成果

理想的状态是，产业界和学术界能够认识到彼此的不同之处，并相互补足。但现实是，两者之间的鸿沟很难跨越。

科技成果转化对于大学来说是个难题：从选择真正可以市场化的研究成果到让整个过程顺利实施都很困难。同时，大学也很矛盾：大学将科技成果转化视为重要的职责，同时大学也需要这些机遇为自己创造收益，由此滋生了大量以大学为背景的风险投资基金、创业孵化器以及技术产业化中心，既为创业提供服务，同时也为了保护学校的权益。事实上，基于逐利的目的，有些大学甚至会起诉那些没有经过授权便使用其专利的公司。

从另一方面来看，很多企业也正处于水深火热之中。很多产业界人士已经停止出资支持基础研究，因为对基础研究的投资所带来的回报遥遥无期，且充满不确定性。同时，大企业因创新不足而感到越发懊恼。面对频频出奇制胜的创业公司，它们感受到竞争威胁。

结果是，产业界与学术界交叉重叠的地方不断增加，从经济上考量这也是必需的。然而最具讽刺意味的是，这两种文化真的在相当程度上水火不容。有些大企业想要在内部设立类似大学风格的实验室，但很快就会无法忍受这些实验室里的研究人员漫无目的的探索。不久之后，公司就会开始要求这些研究人员研发可为公司带来收益的产品。而有的大学会让学校内的研究人员开展能够迅速商业化的研究，但这样走下去的话，学校就无法再有新的基础研究发现。

作为大学校长，我曾努力去平衡这两者之间的关系：确保基础研究的开放性，保证这些研究会让公众受益，如果有些研究可以产生商业回报的话，学校会从中提取一部分用以支持未来的研究。做出这样的决定，可能与我的学者背景和在硅谷的创业经验有关。我不能代表其他人发声，但我可以告诉你们我是怎样做的。

基于我在硅谷的经历，我的结论是，斯坦福大学的角色应当主要是孕育最早期的研究发现或发明创造，并教会我们的学生如何成长为一名成功的企业家。即使斯坦福大学拥有大量的资源，从法律援助到天使投资人或风险投资人都触手可及，但至少在信息技术领域，学校很少通过创业孵化器或类似的组织对技术转化进行干预。（在生物技术领域我们或许有机会，这个领域需要专业且昂贵的实验室，也很难找到研究资助。）

即便如此，学校有很多方法可以设置障碍，限制教师或学生创办新企业，比如在授权使用大学所持有的知识产权时收取高额费用或设置繁杂的行政审批流程。令我吃惊的是，许多大学投入大量资金设立创业孵化器，但却限制初创公司入驻，收取高额使用权费用或要求大份额股权。出于长远发展的考量，斯坦福大学对自己的定位是，大学的职责在于创造支持性的氛围，鼓励产生新想法；而科技成果转化的目的只是转化技术，绝不是榨取创业团队的心血和利益。

此外，我本人坚信，既然大学的研究经费主要是由政府资助的，至少一部分是如此，那么如果大学的某些研究发现对公众有用，就有责任将研究发现转化为可使用的产品或服务。这是道义上的责任，与金钱无关，虽然大学也有可能因此而获利。

在这里，我必须承认，秉持这样的道德立场为我们带来了实际优势。因为斯坦福大学一贯以来都允许学生和教师们去追寻商业理想或成为企业家的梦想，身处斯坦福大学的他们更有可能创业成功，斯坦福大学就像一个校园创业的圣地一样。这样，一个成功会带来下一个成功，因为学校为他们扫除了障碍。

管理创新：伸出引领之手

如何长时间保持创新的氛围？在 21 世纪，无论身处哪个领域，从产业领域到教育领域再到政府机关，这个问题对每一个领导者都很重要，领导者们也要时刻不断地思索。

在我看来，良好的创新氛围需要一群有魅力的人来营造——他们是富有创造力的思想者，勇于承担风险去尝试全新的事物。一旦你找到了这样一群人，作为领导者，你就可以放手让他们去做了。伟大的公司和伟大的大学都是创新的温床，但必须让这些具有创造力的思想者们去决定下一个机会在哪里。

管理团队可能会确定并优先考虑那些具有战略重要性的领域，例如基因组学、机器学习或是新能源技术，因为在这些领域，研究机会非常明确，而且有巨大的潜在社会效益。但对这类战略导向的研究领导者不该干涉得太细、太多。你必须克制自己，不要给你的研究人员提供一份事无巨细、规定严格的研究路线图，并要求他们按你说的去做。毕竟你不是这些领域的专家，他们才是。

当然，人天生有控制欲。毕竟你也希望对于新事物投资可以收获成功；你希望看到有里程碑意义的突破。但如果你坚持要横加干涉，这就是在扼杀创新。无论你有多聪明，这群与你共事的人都可能比你更聪明，至少在他们专长的领域是这样。即便他们作为个体的才智不能胜过你，但他们作为团队合作在一起就肯定比你拥有更高的智慧。谢尔盖 · 布林和拉里 · 佩奇的“20% 自由时间制”就是基于这种考量而设立的，他们在公开信中提道：“我们鼓励员工，除了他们的日常项目，花 20% 的时间在他们认为最有利于谷歌的工作上。这会让员工更有创造力和创新性。”

让员工消耗 20% 的时间去发挥创造力，看上去似乎是对人力资源的巨大浪费，尤其对于一家拥有上万名员工的企业而言，许多员工并不从事与技术相关的工作。但实际上，这是一次重要的尝试，目标是应对高科技产业所面临的最严峻的挑战，即在企业日益壮大的时候，如何保持创新能力并获得更大成功。

许多组织在新创立时极富创新能力，毕竟创新是这些企业存在的原因。但到了某个时点，通常是上市并具有了一定规模以后，企业的管理者们开始更看重如何保有资产，怎样做才能让现有的产品占有更高的市场份额，并且会屈从于投资人的短期利益诉求。这太常见了，即便在硅谷这样有活力的地方也是如此，当这一天来临时，企业通常会选择一条不那么具有创新性的路径，即使领导者明知专注于短期诉求可能会导致企业面对长期发展停滞，甚至因此走向衰败。

领导者们也不是没有解决办法，但通常这些办法风险都很大，实施起来也很困难，因此很少有公司愿意尝试。他们会认为提高短期投资回报率（ROI）会是更好的解决方案，这样可以享受股价提升带来的回报，获取既得利益，毕竟这是他们受雇于企业的工作目标之所在，他们将提升企业竞争力和阻止业绩下滑的工作交给继任者们。

但史蒂夫·乔布斯选择了一条截然不同的路径。他令苹果公司更具创新性，其实最初他确实是有一些“优势”的，如果我们可以用这个词来描述的话。首先，在世纪之交，他重掌公司管理权时，苹果公司已经陷入一连串的麻烦，在创新方面的平淡无奇，使得公司业绩不断下滑，因此股东和用户也愿意承担风险。其次，多年以来乔布斯的个人形象就是一名专注的创新者，因此员工、投资人和用户会对他期待更多。最后，从他重回苹果的第一天起，乔布斯就开始着手准备颠覆全世界人的想法，他为一家致力于创新的企业汇聚人才，并不仅仅是为了做出具有创新性的产品，而是要去定义创新——这种程度的创造力是前人从未达到过的，尤其是在商业史上。即便如此，在推出具有革命性意义的产品——第一代 iPhone 时，距乔布斯回归苹果也已经过去了 10 年。

其他企业的 CEO 们可能按乔布斯的方式来做吗？或许不行。乔布斯是举世无双的天才。但他们可以借鉴乔布斯的成功秘诀，可以在公司中提倡创新，对创新施以回报，并且让股东们为此做好准备。最重要的是，他们需要说服公司的其他高层管理人员和董事会，仅维持现状是远远不够的。

当然，将创新作为战略也就意味着要常常遭遇失败并努力克服失败。以乔布斯为例，在 Mac 电脑大获成功之前，Lisa 电脑是个失败的产品，而 NeXT 电脑更是市场表现惨淡。从我个人经历来说，在创办美普思公司时我遭遇了数次重创，当年我们致力于在纽约市建立新校区和扩张斯坦福特许学校的尝试也都没有取得预期的成功。拥抱创新就意味着接受失败并从失败中复原。其中的挑战在于尽可能地避免失败，但一旦失败了，尽快从中复原。

创新与战略规划

至此，我们关于创新及合作的讨论主要聚焦在某个独立的项目或方案上。当我们为推行一系列新的行动或为推动组织革新而制订战略计划时，如何在其中注入创新活力？曾经有三个产品线的推出为商业世界带来过革命性的变化：IBM 的 360 系统、苹果的 Mac 电脑和谷歌的 YouTube。在大学里，我们通常也采取一系列的举措，包括制定战略规划，并进行与此相关的募款活动。对我们而言，“斯坦福挑战”计划令学校重拾活力，这项计划在募资方面也很成功，持续多年长期规划的做法最终推动了斯坦福大学的快速发展。

在前面一章中我曾提到，在成功的团队中，每个人的想法和判断都同等重要，不要忽视那些年资尚浅或是专业资质不足的人的意见。这样包容的氛围也会在另外一个方面产生影响：团队知识结构、经验背景和成员个性会因此更加多样化。在制定跨学科战略的时候尤其如此。

在某些方面，跨学科融合是很棘手的事情。听取跟你有相同知识背景的团队新成员的意见，和面对知识背景与所讨论的话题相关性不大的其他领域的专家完全是两码事儿。然而我会从那些“局外人”的观点中收获最重要的洞见。下面我继续解释。

2002 年的时候，我们刚刚开始讨论“斯坦福挑战”计划的框架，这是有关斯坦福大学未来 20 年的发展战略规划方案。我们在此之前 50 年的发展是其他同行所无法比拟的。斯坦福大学从 20 名开外的名次，一跃成为在美国大学排行榜中稳居前 5 名的学校。我们如何能够让斯坦福大学更配得上这个成就呢？更不用说我们还希望斯坦福成为最顶尖的大学。

我们必须做的第一件事就是要想清楚这一切是怎么发生的。这肯定不是偶然事件，一定是有些事情推动了这种变化的发生。可究竟是什么呢？

法学院院长凯瑟琳·苏利文（Kathleen Sullivan）给了我们答案：

> 学校做了许多明智的投资，包括发展工程学科和基础科学学科、把医学院从旧金山迁回校本部、扩张生命科学基础研究的规模等。我们还建成了自

> 己的直线加速器，这是当时全球最大的原子对撞机，也因此产生了一些诺贝尔奖获得者。这些都是具有战略意义的“大赌注”，改变了斯坦福大学的未来。

没有人预料到能从法学院院长口中听到如此有建设性的意见。这或许是因为她能以局外人的视角来看待斯坦福大学在科学领域的投入。而且苏利文口才一流，她对于现状认知准确且表达清晰，每个人都很快就理解了她的观点。

苏利文院长的发言不仅令我们茅塞顿开，也让我们可以从另外一个角度审视自己所面对的挑战。意识到前辈们曾下过如此大的“赌注”，我们开始挣脱束缚，从大处着眼和思考。我们把那些关于更宏大战略的粗浅概述整理在一起，组织了专门的委员会，委员会成员来自学校的各个组成分支。当然，我们首先要为这些委员会选定优秀的领导者，这些委员会领导者要能够推动新战略向前发展，也要确保委员会可以制定出明确的规划而不是漫无目标地胡思乱想。

尽管在研究及教学上开展跨学科合作是顶层设计目标，我们还需要委员会在我们认为有发展潜力的领域制定出明确的规划。因此，我们成立了环境与可持续发展、生命科学与人类健康以及国际关系、国土安全和发展等小组，专门发掘这些领域的机会。斯坦福大学的许多领导者也是这些学科的带头人，他们为我们能够在这些方向上做出努力奠定了基石。

除了上述提及的领域，教务长和我也开始思考还可以做些什么？是否可以在跨学科合作中纳入一些关联度不高的学科？其中一个是由委员会提议的艺术学科。与西海岸其他历史更为悠久的大学相比，斯坦福大学的艺术学科并不强。我们缺乏高质量的演出场地，学校的博物馆也无法与其他大学的相提并论，而且艺术系的练习设施也很简陋。所幸的是，我们拥有世界级的纪录片制作及创意写作项目，可以在这个基础上发展艺术学科。

对个人而言，教务长和我自己都受艺术的影响颇深，因为我们的配偶都有创意写作或视觉艺术的背景，但院长们会如何看待发展艺术学科的这个提议呢？我们怎样才能说服他们？

这时，商学院院长鲍勃·乔斯（Bob Joss）给了我们惊喜。他说："艺术是优秀的教育所应包含的，它也是 MBA 学生生活中重要的一部分。"这真让人难以置信，谁会想到商学院院长会说出这样的话呢？在认识到艺术在大学中所能扮演的角色后，艺术学科建设成为一项重要计划。

苏利文院长和乔斯院长的贡献不仅对他们自身而言很重要，也为其他人做了良好的示范。他们说，要开阔眼界，要摆脱自己的思维定式，不要只为自己的学科领域摇旗呐喊，而是要思考大学作为一个整体需要什么。为了更好地传达跨学科合作的重点，在"斯坦福挑战"计划募资启动会上，院长们都提到，这不是为了他们自己的学院，而是关乎大学整体的规划，是跨学科融合实践。

整合战略规划

一旦学术规划组和院长们就战略计划达成一致意见，下一步就是制订外部愿景，并就这个愿景进行沟通。由现任和前任校董会成员组成的工作小组监督他们在整个过程中的管理工作并提出建议。这个工作小组的工作方式与企业董事会类似，企业的董事会也要负责审查公司的长期规划，提出尖锐问题并明确方向。这些努力在鹿谷（Deer Valley）的一次周末聚会上有了结果，在那里我们确定了两个核心主题，一个是开展针对全球最具挑战性问题的跨学科研究，另一个是培养未来的世界级领袖，依靠他们把这些研究落地。有关艺术学院的提案是领导者教育中重要的一部分，领导者们要有创造力、有能力应对含混复杂的状况，并且可以推进更广泛的跨文化间的相互理解，而艺术教育可以帮助他们做到这些。

工作小组参与了在美国和欧洲各地十几个城市组织的一系列现场研讨会。这种工作方式让规划的内容更为精炼，而且愿景更为远大。在美国举办的一次研讨会上，产生了一项有关 K-12 教育的有趣提案。简而言之，就是许多校友，在倡导全球视野的同时，也迫切希望我们关注美国的核心社会问题。他们是对的，因此我们把这项提案加进了第一版的规划之中。

不幸的是，有关 K-12 教育的提案并没有长期开展学术规划的价值，最终并未在多数学院达成广泛的共识。虽然这项提案没有像其他提案一样获得通过，但它也是有价值的。对我而言，这个教训让我明白，你不能在完善一项重要提案的过程中急于求成，在整个组织内建立共识并让大家理解你的领导理念需要时间。

现在我们有了一个得到内部广泛支持的规划，校董会做了完善修订，也在更大的范围内获得了顾问委员的支持。我们也做好了公之于众的准备。任何战略规划最终都要向各相关方展示，企业是给用户展示，在大学这个非营利性组织中我们要接受学生及亲友、校友和捐赠者们的检视。是否他们也会认为这个规划具有创新性、会产生广泛的影响且令人信服呢?

为了和大家沟通这个有关斯坦福大学未来的愿景，我们穿梭于 19 个城市，横跨美国，远赴亚欧，历时 3 年，举办了 100 多场有数十名教授参与的研讨会，吸引了超过 1 万名校友参加。我至今还记得在其中一次活动后与一位杰出校友的谈话。他告诉我，在斯坦福大学的那些年对于他来说是多么有意义，他又是多么珍惜这段经历。但当在那天听过了我们所讲述的一切后，他比之前更加为自己是斯坦福的一员而自豪。使命达成。

关键要领 Leading Matters

1. 尽管无论是在学术界还是产业界，创新都扮演着重要的角色且变化迅速，但创新产生作用的方式截然不同。如果不能认识到这一点会非常危险。
2. 在大学这样的组织中，更多的创新是源于好奇心或是意外的发现。在商业世界中，创新意味着要制造或提供人们想要的东西，即使人们还不知道自己究竟是不是真的需要。
3. 大学的职责在于创造支持性的氛围，鼓励新想法；而科技成果转化转让的是技术，而绝不是榨取创业者的利益。
4. 要开阔眼界，摆脱自己的思维定式。不要只为自己的学科领域摇旗呐喊，要思考大学作为一个整体需要什么。

第 8 章

求知欲，
为什么终身学习至关重要

重要的是不要停止发问；
永远不要失去神圣的好奇心。

——
爱因斯坦

If you want to
lead well,
your learning
must continue.

如果你想领导有道，
你就必须学习不止。

在权力之巅周围的人说，权力的巅峰是学习的尽头。站在权力之巅的人，工作压力如此之大，又如此孤单，学习新知几乎是不可能的，对于有些特别的职位或许确实如此。有些人可能会认为，对于任何要去领导一个组织的人来说都是如此。当然，对某些领导者来说，包括一些企业的 CEO 们甚至一些大学校长，似乎确实是这样。

我才不买这账呢。

我相信身居高位，你仍可学习。实际上，你更应该学习，不仅学习与你的角色以及你的行业直接相关的主题，也要涉猎那些能帮你成为一个更加全面、更有智慧的人的通识。

当然，一旦你接受了领导职位，你很可能就没有时间精通任何特定领域的知识。充其量，你可能会成为一个懂很多的业余爱好者。在发挥领导力的道路上，如果通过多年的努力，你终于掌握了某一领域的知识，那么你可能会沮丧地发现，所谓的掌握最终达到的不是精通的程度，而只是业余的水平。接受现状才是最好的态度。你现在的专业是领导力。除了学习提高你的领导力技巧外，你应该专注于学习新的或快速变化的领域的知识，例如干细胞、人工智能或神经科学等，它们或许代表着前沿领域，又或许会影响你所在的组织。你的目标是充分地学习，从而可以向在那些领域里的人提出有独特见解的问题，来了解它们如何塑造你对世界的看法或你对组织的看法。

这一建议在学术界和商业界都适用。例如，我是谷歌母公司 Alphabet 的董事会成员[①]，有机会纵观人工智能和机器学习革命，并向谷歌和斯坦福大学的同事提问。我能够领会到这种技术与现有技术截然不同，巨大的飞跃指日可待。阿尔法狗（AlphaGo）战胜世界围棋冠军李世石证实了这一飞跃性的突破。我绝不是人工智能领域的专家，但是因为我有一些背景知识，所以我提出了几个关键问题，也倾听了其他

---

① 汉尼斯于 2018 年接任 Alphabet 董事会主席。——编者注

人的问题，而且我能够在董事会里，就以人工智能为首要目标的战略计划持续开展讨论。谷歌为此大幅增加支出，并专注于人工智能研究。

在大学中，为了能够对重大的投资做出明智的决定，了解新技术是非常必要的。例如，我的一位同事发明了一种称为光遗传学（optogenetics）的技术，它使用光学来感知和改变大脑中神经元的状态。当我看到这项大胆的技术时，我知道它会改变我们开展神经科学研究的方式，并且在将来它可能会引领各种大脑疾病的新疗法。

我承认我想了解这项技术是因为我天性好奇，而我对光遗传学了解之后，教务长埃切门迪和我决定在该领域加大投入。我不需要，而且我也确实没有时间成为能看穿这个领域巨大潜力的专家。我只需要提出一些问题，在这之后用通俗的话告诉你，这项技术是如何运作的，包括它是如何巧妙地使用原始藻类的基因以及它为什么是一个重要的发明。

对于一个企业高管来说，这种折中主义是有益的；而对于大学校长来说，这绝对是至关重要的。在一整天的工作中，你必须能够与正在从事学校改革工作的同事交流，从而了解到相关的问题和进展；然后，你必须与正在从事公司治理工作的人交流，进而对员工薪酬和董事会架构方面的问题有一定的了解；接下来，你需要与医学院的研究人员就新的癌症免疫治疗进行讨论；最后，你会与工程学院的人员会面，以了解新电池技术领域发生的一切。不管在哪项工作中，你都需要能够理解他们专业中的“黑话”，提出相关问题并识别出这项新进展将如何影响大学。

显然，如果你想领导有道，你就必须学习不止。

阅读是最好的礼物

我想我总是保持着适度的求知欲。当我还是个孩子时，我很乐意花几个小时阅读百科全书。20 世纪 50 年代，当我还是个小男孩时，我的父亲，一名航空航天工程师，经常上夜班，而在多年前的那些晚上，我母亲通常会给我们读书，那些年中，我们读了几乎所有弗兰克 · 鲍姆（Frank Baum）写的“绿野仙踪”系列故事。我母亲对阅读的热爱，是她给予我的最好的礼物之一，但我那时还未意识到这一点。

10 年后，当我上大学的时候，我对社交活动、派对和各种杂七杂八的事儿并不感兴趣，这些事往往会占据许多一年级学生的时间，包括我大部分的室友。我更则专注于满足我的求知欲。

尽管我没有交很多朋友，但我在第一学期成绩很好，也因此说服了学院院长，允许我在春季学期选超出学分要求的课程。春季学期没开始几个星期，我便收到了母亲给的生活费，但没有平时的信件，只是一个简短的信息，说她有视力问题，但不用担心，她很快就会再写信给我。一个月后，爸爸打来一个电话催我赶快回家，我母亲因患癌症而奄奄一息。那天晚上爸爸在火车站接我，告诉我说——你妈妈的日子不多了。同样是在那天晚上，正当我们说着话，医院打来了电话——我的母亲走了。那一刻，我们这个有 6 个孩子的家，如同天塌了一般。

大约一周后我回到了学校，但我很难专注——学习不再吸引我投入其中，我没有了在情感上支持我的人。那个学期我表现不佳，令人欣慰的是，6 月一到，我又能回家了。

我的家人和我是如何从这场悲痛的经历中走出来的呢？多亏了我的外婆。她体贴、耐心而又温柔，她放弃了自己的生活，并在其后几年与我们共同生活，在照顾我年轻的兄弟姐妹方面发挥了关键作用。而我，回来和家人朋友们在一起后，也恢复了过来。虽然母亲不在了，但我意识到她给了我太多太多——对阅读的挚爱、对大千世界的求知欲以及如何在人生前路上运用这些礼物。本质上，我的母亲一直陪伴着我，而我也一直努力以一种让她感到自豪的方式过着我的生活。

从别人的经验中学习

直到今天我仍然是一个贪婪的阅读者，因为学习让生活更有趣。沃尔特·艾萨克森在《列奥纳多·达·芬奇传》中写道，达·芬奇在他笔记本里，用了 7200 页来记录勾起他好奇心的东西——这是他不懈追求知识和深入探索未来可能性的明证。我怀疑自己也有类似的永不满足的学习欲望。除了个人享受其中之外，这种持续一生的好奇心在我的职业生涯中给了我很大帮助。它使我能够与世界和未来进行有意义的对话。

当我的领导职责从相对同质化的工程学院，扩展到涵盖各个领域且异质化很强的整所大学时，突然间，我深刻地意识到我不知道的东西太多了。斯坦福大学大约有 100 个系所和教育项目，在许多学科中，我所知道的比在该领域学习的本科学生还要少。

我马上就努力拓展我的阅读面，探索一些看起来关键的领域，以及我几乎不了解的领域。作为一名科学家，我最大的挑战之一是了解那些重要的人文学科。虽然我的妻子是一位来自艺术世家的艺术家，她曾教过我一些关于视觉艺术的知识，而我对小说的热爱也让我接触了一些文学传统，但我要做的工作还有很多。我开始阅读《纽约书评》（*New York Review of Books*），该杂志着重于介绍文学和历史领域的重要书籍。许多书比我通常选择的书更偏重学术，但为我日后的工作打下了基础，在这一点上，这些书的确很有价值。

最重要的是，我致力于通过阅读来加深自己对领导者角色的理解。我一直以来都向林肯学习领导之道，但现在我拓宽了视野，开始尝试理解是什么让西奥多·罗斯福、林登·约翰逊或其他领袖变得伟大。约翰逊尤其让我着迷。尽管他因越南战争而晚节不保，但他在内政方面拥有最好的表现，在现代可能仅次于罗斯福。我想了解约翰逊是如何做到这一点的，并在罗伯特·卡罗的书《参议院的主人》（*Master of the Senate*）中找到了令人信服的答案。

我一直喜欢阅读历史书籍和人物传记，以了解那些伟大的城市、国家和文明的轨迹。现在我把阅读的重点放在探寻领导力、历史突破和历史灾难的谜题上，特别是那些本可以避免的历史灾难。我阅读伟大领导者的故事，来了解他们的习惯，了解哪些特质让他们取得成功，看他们如何应对危机，如何对待成功以及如何面对失败，这可能更重要[1]。

由于没有几个同事能和我谈论领导力的问题，所以我就与过去的这些人物进行“对话”来寻求安慰和支持，他们面对过远大于我所面对过的挑战并幸存了下来，这一点让我感到欣慰。很显然，1785 年的问题必须转化为 21 世纪的问题，但我惊喜地发现，几个世纪以来，人类的核心要旨竟然保持着一致性——在动机、行动和决策方面的一致性。

例如，是什么让乔治·华盛顿克服一切艰难险阻，成功地领导着一支装备不足、训练欠佳的军队，打败了准备充分的英国军队？我了解到，华盛顿的领导特质和他的战略至关重要。

在英国的体系里，军官是贵族阶级，而士兵不是，这反映了英国人的阶级体系。作为一个富裕的地主，华盛顿本可以用相似的方式组建他的军队。但相反，他选择把大陆军团中的士兵当作他的同事，而不是他的下属[2]。当然，他仍然掌控大局，下达命令——每个人都明白他是领导，但他不把士兵当作附属品，不把士兵当作外人，他这么对待士兵，这就是为什么这些士兵以近乎无法想象的忠诚为他而战斗的原因。

文学、传记和历史——它们就像实验室，我们可以测试和学习重要的经验教训，而无须将自己置身于那些艰难险阻中去。阅读失败的案例，帮助我认识如何避免一些错误，以及如何像经历过的人那样复苏过来。我认识到，最优秀的领导者不光要接受失败，更重要的是他们会为此承担责任，并努力化失败为成功。

华盛顿在长岛和曼哈顿几乎败北，但他挺过来了。林肯在很长时间内，曾错误地坚持任用乔治 · 麦克莱伦（George

McClellan）将军。而在错过了许多能早日结束战争的机会后，他才得以学习并成长为一名总司令。一些领导者从失败中恢复元气；另一些则没有。我从他们每个人历经的考验中学到了东西。

接受成功的加冕很容易，但在理想情况下，你会认识到，为你工作的人应该获得至少与你一样多的桂冠。承认你错了并且为你的错误承担责任并不容易。这是许多领导者误入歧途的地方：他们将失败归咎于下属。责备他人不仅在道德上是错误的，实际上，这样做还会破坏你作为领导者的威信。

在考验人的时刻，伟大的领导者展现出他们的真实特质。格兰特将军承认，在冷港战役（Cold Harbor）最后一战中的灾难性指挥是他一生中最大的错误，数千人因此失去生命；而艾森豪威尔将军在诺曼底登陆前夕就预先写好一封信，表示如果诺曼底登陆失败他愿意接受一切指责。他们的故事告诉我，如果你不能承担失败的责任，你就不应该承担领导者的职责。

我还从阅读中学到，伟大的领导者不会被同一块石头绊倒两次。更重要的是，当他们再次遇到类似的情况时，他们已经对先前的失败复盘思考，并制定了新的策略去追求成功。他人可能着眼于领导者的成功之处，但伟大的领导者会从各个角度分析自己为何失败，直到对此了然于心。这不是内疚或自责；这是在学习下一次如何做得更好。在这些领袖对失败的分析中，我了解到了一种范式：他们采取了一种科学的求证方式，对失败进行实证分析，了解到底是什么地方出了错？哪些可以改变？如何能够沿着学习曲线进一步迈向成功？所有的领导者，不仅仅是总统和军官，还有科学家和企业家，都需要谦逊、勇敢和智慧地直面失败。

我曾问过艾萨克森为什么要把许多领导人的缺点一并写下，包括爱因斯坦、乔布斯和富兰克林。他说："我想表明，即便一个人有缺点和失败，但他仍旧可以非常成功。"是的，我们都有性格缺陷，都会犯错误。但重要的是，要尽可能地避免犯错误，如果犯了，接受错误并从错误中恢复过来，然后继续前进。

我在试图推进新建纽约校区的工作中遭遇了失败。我渴望获得成功，但当现实情况不支持时，我只能把斯坦福大学从这笔交易中拉了出来。在我第一次尝试扩大本科招生时，依旧遭遇了失败。在那种情况下，我意识到我没有提出有利于扩大招生的有力论据。我吸取了教训，在下一次用了完全不同的方法。

在探索了伟大领导者的成功和失败之后，我在更大范畴理解了这些失败。我没有把失败归咎于他们的个性。相反，我认为失败是领导力的一部分，因此我也很快就恢复元气。

我还会将自己的错误作为案例来教导别人。当我向学生讲述创立美普思公司的故事时，我分享了我作为一个缺乏经验的企业家犯下的最大错误。尽管当时的技术前景一片光明，但是我们这三位年轻博士，因为几乎没有任何商业经验，放弃了董事会专设的创始人席位；所以即便我们是创始人，也未能保有足够的决策权。因此，董事会在没有参考我们的意见的情况下做出了许多重要的决定。这些决定并没有扼杀公司，但它们放慢了公司前进的步伐，而且它们提高了公司上市发行的资金门槛——增加了大概 2000 万美元。这便是我最大的遗憾：我们的错误将导致更多所有权被稀释，我们像是从为公司努力工作的员工口袋里掏钱一样。我们这几个创始人后来都再没有犯过类似的错误。我经常分享这个故事，希望别人能够吸取教训，避免这样的错误。

最后，无论你身处哪个行业或研究领域，身居怎样的领导位置，你都可以通过保持好奇心和向他人学习来为成功以及失败做好准备。

我的书库

我深信，我毕生的阅读习惯，尤其是阅读成功领导者故事的习惯塑造了作为斯坦福大学校长的我。在奈特－汉尼斯学者项目的课程上，我们也会强调伟大的历史和传记对领导者们的巨大影响力。如果我们的学者注定要引领未来，还有什么比向历史上的领导者学习更能让他们为此做好准备的呢？

在最后一章中，你会发现一系列帮助我进行自我教育，并提升领导力的书籍，这些书在困难时期让我感到慰藉，在美好时光为我另辟蹊径。它们既包括政治领袖的传记，也包括关于创新和科学发现的书籍，还有关于美国和世界历史的书。我抱着谦逊的态度与你们分享这个书单，我知道对我有用的东西，可能并不适合你们，但至少我希望这个书单能激励你创建一个你自己的类似的书单。

你会发现这个书单中列举的大多是非小说类作品，其实我也是一个狂热的小说阅读者，因此在书的最后，我也将分享一些我最喜欢的小说家。

关键要领 Leading Matters

1. 越是身居高位，越是应该学习——不仅学习与你的角色以及你的行业直接相关的主题，也要涉猎那些能帮你成为一个更加全面、更有智慧的人的通识。
2. 一旦你接受了领导职位，你很可能就没有时间精通任何特定领域的知识，因为你现在的专业是领导力。
3. 随着领导职责的扩展，你要拓展阅读面，探索一些看起来关键的领域以及几乎不了解的领域。

第 9 章

讲好故事，愿景沟通

不，不！
先说你的冒险，
后解释，
解释太费功夫啦。

——

路易斯·卡罗尔
《爱丽丝梦游仙境》

The best way to
introduce a new idea
is not with facts and figures,
but with a story.

引入新想法的最好方法
不是堆砌事实和数字，
而是讲好故事。

“让我给你讲个故事……”这是我在斯坦福大学校董会的一次务虚会中讲话的开场白。这次务虚会在加州卵石滩（Pebble Beach）举行，我们在一个小房子里共进晚餐，眺向窗外可以俯瞰加州著名景点十七英里海岸（17-Mile Drive）上的乔伊角。那时关于这所大学的最新进展十分喜人，每个人都正在兴头上。

我的校长任期即将结束，我一直在琢磨是否还有最后一件“大事”需要完成，为我的任期画上圆满的句号。在过去的几个月里，一个想法慢慢浮现于我的脑海中。我曾向几位学校领导者和校董会主席史蒂夫·邓宁进行了初步的阐述，现在我想和校董会成员们进一步讨论并说服他们接受这个想法。我知道我在冒险。同时我也知道引入新想法的最好方法，不是堆砌事实和数字，而是讲好故事。

于是我说道：“150 年前，一位杰出的英国商人建立了一个奖学金项目，为全球最有潜力的年轻人提供资助。随着时间的推移，这个项目获得了巨大的成功，甚至大多数从未听过那位英国商人塞西尔·罗德（Cecil Rhodes）的名字的人，也知道罗德基金会（Rhodes Foundation）和罗德学者项目。多年来，罗德对帮助优秀学生成长为世界领袖的投资，带来了巨大的回报。听听那些从这个项目中走出来的学者的名字吧。”我列举了几个家喻户晓的名字：美国驻俄罗斯大使迈克尔·麦克福尔（Michael McFaul）、美国参议员科里·布克（Cory Booker）和比尔·布拉德利（Bill Bradley）、中情局局长詹姆斯·伍尔西（James Woolsey）、国家安全顾问苏珊·赖斯（Susan Rice）、诺贝尔奖获得者和斯坦福大学商学院院长迈克尔·斯宾塞（Michael Spence）、俄勒冈大学校长戴维·弗罗梅尔（David Frohmayer）、知名作家和阿斯彭学院主席沃尔特·艾萨克森、哈佛医学院的阿图·葛文德（Atul Gawande）[①] 和哥伦

① 阿图·葛文德，是一位印度裔美籍外科医生和新闻工作者。葛文德作为优化现代医疗保健体系方面的专家闻名于世，他是白宫最年轻的健康政策顾问、影响奥巴马医改政策的关键人物，还是《时代周刊》2010 年全球 100 位最具影响力人物榜单中唯一的医生。他的著作《最好的告别》通过讲述一个个伤感而发人深省的故事，告诉我们为了使生命的岁月有意义，我们可以做什么、应该做什么。该书的简体中文版由湛庐文化引进，由浙江人民出版社于 2015 年出版。——译者注

比亚医学院的悉达多·穆克吉（Siddhartha Mukherjee）[①]等。这个项目留下了非凡的成就和遗绩。

在吸引了董事们的注意力后，我继续说道："斯坦福大学应该为 21 世纪打造一个类似的项目。这个项目应当向女性开放，而不仅限于男性；向有色人种开放，而不仅限于白人；向全世界开放，而不仅对英国前殖民地。"虽然罗德学者项目在以上方面已经做出了改变，但斯坦福大学仍会受益于创建一个面向 21 世纪的崭新项目，而非停留在 19 世纪末。

最后，我向我的听众们提出了这样的愿景："考虑到斯坦福大学位于西海岸的地理优势、兼容并包的多样性、一流的学术质量和独特的企业家文化，想想这样一个项目在未来二三十年间可以帮助培养多少未来领袖吧！"我让董事们置

① 悉达多·穆克吉，印度裔美籍医生、科学家和作家。他创作于 2010 年的《众病之王》（*The Emperor of All Maladies*）一书，赢得了一般非小说类普利策奖、卫报新人奖等奖项，并被《时代周刊》选为过去 100 年中最佳非小说类作品之一，《纽约时报》也认为它是 100 部最有影响力的书籍之一。——译者注

身于我提出的愿景中："想想届时我们会为创建这个项目并投资于未来而感到多么自豪！"

我的冒险成功了，校董会成员们热情地回应了这一想法。下一步，我已经确切想好了该和谁谈，那个人就是耐克创始人、传奇慈善家菲尔·奈特。

我知道奈特和我一样关心领导力，相信领导力不仅体现在政府部门，更应贯穿于现代社会的方方面面。我知道他对许多当代领导者正在做出不明智的决定而感到忧心忡忡。为什么？我认为是这些领导者不一定具备充足的知识、相关的经验或正确的价值观。此外，我知道奈特仍然坚信创新思维、创造力和企业家思维的力量，对于这样一个专注于帮助具有创造力的思想者发展和践行变革型领导力的教育项目，我相信奈特一定会很感兴趣。

当我飞到俄勒冈州与奈特见面时，谈话的主旨自然是我基于罗德学者项目所提出的新的设想，但我想先做些铺垫。所以我先讲了一些他已经知道的事情，即我们正在遭遇重大的领导力危机。危机不仅发生在政界，也出现在商界（如大众汽车“排放门”[①]和富国银行丑闻[②]），更弥漫在社会组织中（如美国大学生体育协会的运动员丑闻[③]）。我谈到罗德在一个多世纪前做了什么，进而引向未来我们能做些什么。我描述了这样一个选拔标准严苛的领导力项目，从全球范围内吸引人才来到斯坦福大学，近距离接触这里的企业家文化。这个项目将招收来自不同学科背景的学生，并且鼓励跨学科的思考与合作。只有这样的项目，才能推动真正的改变发生。“如果我们做得足够好，”我说道，“并且足够谨慎，同时不断评估进展并担负起责任，我相信这个项目能够成绩斐然。”

奈特回答道：“给我些时间考虑一下。”

---

① 德国大众汽车公司部分所售汽车被指安装了专门应付尾气排放检测的失效保护器，以使车辆在车检时能以高环保标准过关，而在平时使用中大量排放污染物。——译者注

② 富国银行员工在未告知客户的情况下，自 2011 年起私自建立上百万个虚假银行账户，并将客户卡上的资金挪至以该客户信息私自新开的账户中，以达到销售业绩并领取奖金。由于现有账户中的资金被转移，客户会因账户余额不足缴纳银行管理费以及银行透支费。——译者注

③ 美国多名大学篮球助理教练被指控涉嫌收取贿赂，从而影响学生未来对于大学、经纪人甚至赞助商的选择。——译者注

没有人会在一夜之间就答应一个如此规模的创举，这个想法需要在脑海中盘旋一阵，想象未来会发生什么。奈特也需要一些时间来认真考虑这个项目对他而言是否是正确的选择。与此同时，我也回到斯坦福大学继续我的工作。

大约一个月后，我接到了他的电话，奈特说："我准备好了，可以谈谈了。"

我告诉他我们会飞到波特兰去见他。"不，"奈特说，"我正在来见你的路上。"这是一次令人难忘的会面，奈特直截了当地表示，如果满足以下两个条件，他将承诺一份 4 亿美元的捐赠：首先，他希望他和我以二人的共同名义来创立这个项目；其次，他希望由我来出任该项目的首任院长。"如果在这两点上能够达成共识，"他说，"那我们就可以大干一场。"

我把他提出的两个条件视为一种对我的赞赏。我和许多商业领袖一同工作过，我深知这样的条件实际上承载着更深层次的动机：奈特希望知道我是会全身心投入这个项目，还是只是想介入其中而已。这有什么不同呢？或许可以想想传统的培根鸡蛋早餐：鸡只是参与其中生个蛋而已，而猪则是完全投入。

当我从校长之位退休时，在人生的这个阶段不少人忙着计划旅行路线和打高尔夫球，我问自己，是否准备好了将时间和精力投入到奈特－汉尼斯学者项目中呢？即使这将花费数年的时间？我的答案是：当然。

请注意这一连串的进展都始于讲好一个故事。事实上，我咨询的第一位校董会董事史蒂夫・邓宁成为奈特－汉尼斯学者项目最重要的支持者之一。除了帮助项目募资，邓宁和他的妻子罗伯塔・邓宁（Roberta Denning）还捐赠了邓宁大楼（Denning House），为奈特－汉尼斯学者们建造了充满灵感的家园。

好的故事触动内心

从社会运动到科技创新，许多伟大的行动都是从讲故事开始的。我们乐于认为自己是理性生物，对概念、想法或项目进行量化评估，让逻辑思维主导一切，但事实却并非如此。

诚然事实和数字可以捕捉你的大脑，但却并不擅长捕获你的心。我们可能会同意一个主意，或至少不提出反对，因为从逻辑上来讲这个主意看起来无可挑剔，但是光是逻辑就可以激发我们吗？这种情况比较罕见。恰恰是当一个举动带来震撼、吸引力或让我们感受到很有价值时，我们才会加入，此时逻辑反而黯然失色。

因此如果你真的想激励一个团队采取行动，最好先用故事吸引并打动他们。等到他们开始接受，并在你勾勒的愿景中想象出自己的样子时，然后你再通过事实和数字来进一步支持你的故事。

确实，当你带领团队迈向崭新的方向时，你很可能没有任何已知的事实和数字来做支撑，你所拥有的只是一个计划。无论你是在打造一个新产品，还是建立新的教育机制，抑或是启动一个研究计划，你可能根本没有量化的数据可供分享。

然而这个时候，你还有梦想。当你把梦想变成生动的故事时，那些如此具有吸引力并且如此真实的故事，会使得人们希望加入你的团队，共同实现这个梦想。他们知道失败是很可能发生的，他们知道至少在开始的时候必须努力工作但回报甚少，他们知道在其他地方其实有更轻松的工作，但他们仍想成为这场拓荒运动的一分子，希望超越个人得失，成为更宏大、更重要的事业的建设者。如果他们相信你，他们会跟随你开疆拓土[1]。

没有人能用饼状图或幻灯片征募到队友来参与这样的开拓性事业。你需要捕获到人们的心灵和想象力。你需要与人们分享你的愿景，以无可阻挡之势。

把愿景塑造成故事

当我与同事们合作一同为斯坦福大学制订未来发展的战略计划时（见第 7 章），我们确定了一个中心主题：关注解决重要世界性问题的跨学科研究和教学。这为重要的筹款行动“斯坦福挑战”计划奠定了基础。为了让潜在的支持者相信战略计划中的使命可以实现，我们需要好的故事。我们必须向他们证明，一反学术界的惯常认识，我们可以在跨学科的团队中合作，因为跨学科应用才能解决许多至关重要且具有实际意义的问题。幸运的是，由吉姆·克拉克提供支持的 Bio-X 项目是这种跨学科合作的一个很好的原型，也为我们提供了宝贵的故事素材。

作为 Bio-X 项目的一部分，同样使用克拉克捐赠的资金，我们建立了“种子风投基金”，为来自不同学科的教师之间的新型合作提供早期的研究支持。一个早期的提案来自化学工程和眼科方向的同事，他们想要开发一种人造角膜。在西方，角膜移植通常使用逝世者捐赠的角膜，但这种解决方案在欠发达地区效果不佳。此外，在饱受战火蹂躏的国家，包括美国士兵在内的眼部受伤、需要接受角膜移植的患者人数，远远超过了角膜捐赠者的数量。

这个跨学科团队提出了一项新颖的解决方案，获得了大量的后续资金支持，并开始在动物中进行移植试验，以作为进行人类人造角膜移植的前奏。他们已经证明了跨学科的合作可以取得令人瞩目的成果：让伤者恢复视力。这个故事成为我们为“斯坦福挑战”计划寻找支持者的宣传推广活动的一部分。

斯坦福大学的历史中充满了精彩的故事，从加州铁路大亨利兰·斯坦福和他的妻子为纪念他们死去的儿子而建立斯坦福大学，到经历 1906 年的大地震[①]，再到我们无与伦比的体育成就——连续 42 年每年获得至少一项美国大学生体育协会赛事冠军。此外，斯坦福大学许多最著名的故事都与硅谷有关，硅谷的根在斯坦福大学。

弗雷德·特曼（Fred Terman）是一位斯坦福大学教授的儿子，他本人也成了斯坦福大学教授，他是 20 世纪 30 年代在密西西比河以西的美国西部地区首批电子工程项目创立者中的一员。他吸引了美国一些最优秀的电气工程师来到他的实验室，而该实验室正位于斯坦福大学校园后面的一组楼群中。一代又一代的工程师、固态物理学家以及后来的计算机科学家纷至沓来，他们又扩展到周围的社区，包括斯坦福工业园也是由特曼创立的，他们在此开创了数字革命。如今，全球领先的诸多风险投资机构也紧邻斯坦福校园，这并不是巧合。

这里诞生了许许多多的故事。每年我都会看到新生像朝

① 1906 年 4 月 18 日清晨 5 点 12 分左右，旧金山发生大地震，这场地震及随之而来的大火，对旧金山造成了严重的破坏，死亡人数在 3000 ～ 6000 人，可以说是美国历史上主要城市所遭受过的最严重的自然灾害之一。斯坦福大学在此次地震中也受到严重的损害。——译者注

圣者拜访圣地一样，参观校园里的知名地点：惠普公司两位创始人比尔·休利特（Bill Hewlett）和戴维·帕卡德做试验的地方、瓦里安兄弟（Russel and Sigurd Varian）建造电子速调管（雷达）的地方、杨致远（Jerry Yang）帮助推出雅虎的地方以及谢尔盖·布林和拉里·佩奇创立谷歌的地方。因为熟悉这些故事，许多学生来到斯坦福大学，希望效仿这些标志性的企业家。让我来拙劣地改编音乐剧《汉密尔顿》（*Hamilton*）中的一句经典唱段吧，斯坦福大学就是“事情发生的那个地方”[①]！

这些故事继续鲜活地保存在一代代发明家和企业家的脑海里，也在我们开始思考建设一个新的聚集科学和工程学科人才的四合型建筑群时，深深引导了我们的愿景。为了延续Bio-X项目和克拉克中心的成功，我的主要目标是建设四座新的跨学科融合的工程和科学大楼，涵盖学科方向从纳米科

① 《汉密尔顿》是一出关于美国开国元勋亚历山大·汉密尔顿的音乐剧，其中有一首曲子《事情发生的那个房间》（*The Room Where It Happens*），描绘的情景是托马斯·杰弗逊、詹姆斯·麦迪逊和亚历山大·汉密尔顿在一个房间中商讨美国未来金融系统的雏形。由于音乐剧大获成功，“事情发生的那个房间”被用来寓意重大事件发生的幕后之地。此处作者化用此句来表达斯坦福大学是许多前沿科技产生的重要场所。——译者注

学和生物工程，到环境科学与工程，再到我们的创新创业教育项目，开展前沿的探索性思考活动。我希望我们能够找到受此愿景鼓舞的捐助者，并以这些企业家捐赠者的名字来命名这四座大楼。

可喜的是我们的目标实现了：这四座建筑物共容纳了 10 余个部门和项目的教职工，还包括一些学生合作和项目制作的空间，此外也反映了我们学校的传奇历史。在工程学院办公室大楼的地下室，还有一个惠普公司创业初期所在小型车库的复制间，其中包括他们第一个产品的实验室工作台。四合型建筑群的四位捐赠者包括：绘图芯片企业 NVidia 的共同创始人黄仁勋（Jensen Huang）、斯坦福电信（Stanford Telecommunications）的创始人詹姆斯·斯皮尔克（James Spilker）、雅虎的创始人杨致远以及谷歌的创始董事拉姆·斯里兰姆（Ram Shriram），他们都是与斯坦福大学联系密切的成功企业家。现在乃至未来的学生走过这个建筑群时，他们会听到新一代创新者建立在惠普等公司造就的传统之上的新故事，这些故事将继续吸引并鼓舞着一代又一代的企业家。

当然，并非所有这些尝试都是成功的。例如，尽管有几个很有希望的机会，我还是没能为新的科学楼找到一个捐赠者。在这种情况下，我们不得不做出艰难的抉择，因为如果决定继续建设新的科学楼，就意味着我们要承担额外的债务以及随之而来 30 年的偿还负担。在这种情形下，我意识到我让同事们失望了，他们要么不得不放弃新的科研设备，要么就得承受偿还债务所带来的预算限制的影响。

故事在商业中的力量

吉姆·柯林斯（Jim Collins）和杰里·波勒斯（Jerry Porras）在他们的著作《基业长青》（*Built to Last*）中让人们看到了故事在商业中的力量。他们研究了 19 家以经久不衰的成功和创新而闻名的企业，柯林斯和波勒斯发现其中每一家企业都充满了丰富的企业神话和传奇。这些故事带给企业持续性、独特性和共同的目标感，并帮助新员工融入企业文化。一个有趣的故事包括，惠普的创始人之一戴维·帕卡德曾经对一个出于正确判断无视他的命令，从而保住了一个新产品创意的产品经理颁发了奖励。他们还发现，当需要应对变化之时，这些企业能够更加迅速而有效地行动，因为每一名员工都已经充分认同企业的身份特征，所以即使在没有直接指导的情况下，他们也知道如何做。

故事在创业公司中也发挥着重要作用。毕竟，除了试图说服投资者、潜在员工以及未来客户相信他们的故事之外，还有什么能够用来更贴切地描述创业公司呢？通常情况下，初创团队还没有成型的产品，又或者是他们提出的产品采用非实物的形式（如社交网络或手机应用）。创业者所拥有的只是一个产品应该是什么样的梦想。然而是什么让他们能够将这样的梦想传递给潜在的利益相关方呢？答案是故事。通过讲述丰富、可信的故事，在他们同样具有故事性的商业计划的支持下，创业者最终获得了用于实现梦想的资金支持。

你也许会觉得我在夸大事实，故事不可能有这么大的力量。然而根据我的经验，梦想往往是自我“预期成真”的。如果有足够多的人相信你的梦想，梦想就会成为现实。史蒂夫·乔布斯曾经说过，他想要为我们提供人人都负担得起的个人电脑，然后是手持音乐播放器、平板电脑和智能手机。我们相信了，而他也成功了，每一次都赚到了足够的钱来为他的下一个梦想融资。拉里·佩奇和谢尔盖·布林二人志在“组织全世界的信息，使之成为人人皆可访问的有用的信息”。埃隆·马斯克希望带给我们实用性强的电动汽车。我们相信了，他们成功了。

我相信无论是何种专业或职业，当我们晋升到更高的领导岗位时，事实和数据的作用都会下降。当然，事实构成了一系列我们必须要考虑的边界条件，但是我们的关键任务是突破事实和数据的限制，找到解决复杂问题的方法。我们会发现自己需要越来越希望寻求新的可能性，并创造出可以实现这些可能性的愿景。不错，事实和数据仍然决定了我们如何行事的框架，但是它们无法形成愿景。

当你从所从事的专业领域，比如科学研究、营销、销售或其他领域，跨入领导岗位时，你的技术技能变得不那么重要，同时数据只是一种工具。如今你必须发展自己团结他人、激励他人、指导他人的能力，带领他们一起向着你的愿景进发。在你职业生涯的这个阶段，你会发现你最强有力的技能之一，就是能够讲述恰如其分的、引人入胜的以及鼓舞人心的故事。

精彩的故事从何而来

这些故事从哪里来？对此我没有任何简单的答案。如果是一个建立已久的组织，很有可能组织的历史就是故事的巨大宝库，这几乎适用于任何情形。

创业公司或年轻企业可以借鉴其他组织的故事。在硅谷，包括苹果公司在内的许多公司在创业初期都借用了惠普的故事。半导体公司经常讲述在英特尔被称为“三驾马车”的三位创始人的故事：强硬无情的 CEO 安德鲁·格罗夫（Andrew Grove）、头脑担当戈登·摩尔（Gordon Moore）和激励源泉罗伯特·诺伊斯（Robert Noyce）的故事[①]。包括特斯拉和领英在内的许多声名鹊起的创业公司都从创始人的个人经历中汲取力量，尤其是他们的创始人在贝宝（PayPal）的日子。同时，历史书中也包含了数不胜数的可用故事，此外，你的竞争对手所提供的故事有时也值得采用。比如，即使了解斯坦福大学所有伟大的故事，我还是喜欢讲述来自哈佛大学的一位牧师的故事。

彼得·戈麦斯（Peter Gomes）担任哈佛大学纪念教堂的牧师多年，当应邀在斯坦福大学毕业季讲话时，他对我们即将毕业的学生给出了如下建议，他说道：“生命的目标不是为

① “行动家”格罗夫、“思想家”摩尔和“外交家”诺伊斯这三位一体的组合创下了企业管理中的奇迹，将英特尔从一家初创公司打造成千亿美元量级的巨型公司。《三位一体：英特尔传奇》一书记述了英特尔富有传奇色彩的历史和三位创始人的故事。这本书由湛庐文化引进，由浙江人民出版社于 2015 年出版。——编者注

了谋求生计，而是为了有意义的生活。”戈麦斯看着坐在面前的学生以及坐在他们身后的父母，他引用哈佛大学前校长劳伦斯·罗威尔（A. Lawrence Lowell）的名言说道：“真正的成功不在于做我们决定的事情，也不在于做我们希望做的事情，甚至不在于做我们努力争取的事情，而在于做一些真正值得的事情。”我感到他想传达的信息飞过22岁年轻人的上空，最终降落在他们的父母那里，引来父母们的频频点头——父母们看多了生命的千姿百态，因而理解其中的真谛。而学生们虽然非常聪慧，但还太年轻，不足以参透戈麦斯的箴言。

可以想见，我把这个故事告诉了几乎所有正在考虑成为捐赠者的斯坦福大学的校友。当然，斯坦福大学作为他们的母校，已经和他们建立了非常深厚的连接，但这通常还不足以引来校友们的捐赠。毕竟，拥有财富的人通常会接到各种各样的资金捐赠的诉求，比如个人支出、商业投资、慈善捐助等。为什么他们会向已经拥有大量捐款基金的斯坦福大学进行捐赠呢？

我很乐意向他们展示图表、奖项和斯坦福大学所获得的成就，但这些至多只是强化了他们已知的事实而已，即斯坦福大学是世界上最好的大学之一。其实最终他们的决定还是取决于所听到的故事。例如，当力争为学生助学金筹款时，我们邀请了一些在校学生讲述自己被录取的故事。这些学生大多家庭贫困，或是家族中唯一的大学生，又或是成长在单亲家庭，若在 20 年前我们很难想象这样的学生能有机会上大学。在一场本科生助学金募款活动中，我们的一个校董会董事讲述了这样的故事：她从小在芝加哥长大，父母从事家政服务。在走路去上学前，她总要在鞋子的底部塞上塑料袋，因为她的鞋底早就有了不少的破洞。这样的故事出自一位如此杰出而有成就的人，比任何图表和数字都更能彰显高等教育给人带来的翻天覆地的命运改变。

收集故事时，你可以从日常的校园生活中获取原始素材，并在其中找到富有变革性的形象——如圆梦斯坦福大学的无家可归的年轻女孩，或者富有前景的新型研究及其潜在应用。当你注意倾听时，你会发现这些故事其实就在你的面前，每天都在多次发生。

在我担任校长的初期，伊扎克·帕尔曼（Itzhak Perlman）①

① 伊扎克·帕尔曼是以色列顶级小提琴家。4 岁时因患小儿麻痹症而致终身残疾，但疾病并未阻碍他的音乐天赋，他两次获得格莱美大奖，并因其音乐成就在 2000 年获颁美国“国家艺术勋章”。——编者注

来到斯坦福大学举办小提琴独奏会，其间，他带给我一个非常宝贵的故事。在纪念礼堂（Memorial Auditorium）这样一座礼堂而非音乐场地的绿色屋子里，帕尔曼先生和我打招呼，他同时说道："校长先生，斯坦福大学是一所很棒的学校，但它的演出设施实在糟糕！"

他是对的，我经常讲述这个故事，为我们试图在斯坦福大学开创的雄心勃勃的艺术计划争取动力。后来，斯坦福大学服务时间最长的校董之一、前校董会主席彼得·宾（Peter Bing）挺身而出，成为新音乐厅的主要捐赠者。彼得不仅出资冠名"宾氏音乐厅"（Bing Concert Hall），他还投入相当多的时间以确保音乐厅在声学和美学上达到舒适及出众的水平。2008年金融危机爆发时，我们似乎不得不推迟或取消音乐厅的建设计划，一些对艺术抱有信仰并被彼得对卓越设计的坚持所感动的校董会董事纷纷站出来，帮助我们完成了这一工程。如今，宾氏音乐厅是各大学校园中最好的中型音乐厅之一。

当然，复述旧故事有其缺点：许多人都已经听过了，故事本身会变得过气，在不断变化的世界里难以再吸引人们的注意力。这就是为什么不断寻找和倾听新的故事至关重要。

在学术界，校内新闻办公室和校友杂志是最及时最新鲜的故事的绝佳来源。更有效的一种方法是在校园里走一走。当你走出办公室，与学生们交谈，与教师们闲聊时，你一定会收获很多好故事。在商业界，公司的简报、网站和杂志都是宝贵的故事来源，贸易展览会和其他行业聚会也提供着新的故事。但就像在学术界一样，最好的故事是在与员工的日常相处中发掘出来的。

当然，你不必急着写下你听到的每一个故事。而是要培养你的“耳朵”，捕捉趣闻轶事、明智教训和启发故事。当你有机会的时候，记下一些笔记，或者记住是谁告诉你的，以便你可以从他们那里再了解一些细节。作为大学校长或企业 CEO，我们的目标是定期更新故事储备，以便在任何场合都能随时调取，尤其是在即兴演讲的时候。

同时，当需要向听众传递你对尚未存在的事物的愿景时，你需要磨炼故事讲述的技巧。用尽可能多的真实细节填充故事，让你的观众沉浸在其中，从而争取到他们的支持来帮助你改变世界。

收到 7.5 亿美元初始捐赠款的奈特 - 汉尼斯学者项目，在 2018 年迎来了它的首届学者。在撰写本书的过程中，我们正在从 3600 余名申请者选拔首届 50 个录取名额。请记住——这个项目，像其他许多致力于改变生命的努力一样，也是始于一个故事。

关键要领 Leading Matters

1. 许多伟大的成功都是从故事开始的。
2. 事实和数字确实可以捕捉你的大脑，但却并不擅长捕获你的心。如果你真的想激励团队采取行动，最好先用故事吸引打动他们。
3. 梦想往往是自我“预期成真”的。如果有足够多的人相信你的梦想，梦想就会成为现实。
4. 故事带给企业持续性、独特性和共同目标感，并帮助新员工融入企业文化。
5. 领导者最强有力的技能之一，就是能够讲述恰如其分的、引人入胜的以及鼓舞人心的故事。
6. 磨炼故事讲述的技巧。用尽可能多的真实细节填充故事，让你的观众沉浸在其中，从而争取到他们的支持来帮助你改变世界。

第 10 章

遗绩，
你留给世人的东西

短暂的生命
最该用来做一些价值
超过生命长度和广度的事情。

——

威廉·詹姆斯

If you really
want to be remembered,
do something
that lasts long
after you're gone.

如果你希望被世界记住，
那么就做一些在你离开世界后
仍有影响力的事情。

第 10 章　遗绩，你留给世人的东西

2015 年夏天，当我宣布自己在下一学年末将辞去斯坦福大学校长一职时，我第一次被人问到我希望自己留给世界的遗绩（legacy）是什么。这个问题多次出现在我离职活动时的讨论中，也出现在那些肯定我在担任斯坦福大学校长 16 年间所取得的成绩的文章中。

说实话，我从未想过与遗绩相关的问题，无论在我作为斯坦福大学校长的 16 年里，还是在我更早些时候担任别的领导职务时。相反，我思考得更多的是如何成为一个正直且不失道德感的领导者，如何与斯坦福大学这个社群构建起相互的信任感，因为只有这样我们才能为斯坦福大学做出一些超越我任职期限的、有着更加长远影响的贡献。

为了达到这样一个共同目标，我们曾一直强调要将投资的方向放在正确的有首创性的项目中。因此，我们之前很注

重助学基金的发展和扩大，以便让未来的斯坦福学子获得更多的资助。同样，在选择从哪些研究方向出发，进而增强学校的跨学科研究能力时，我们将重点放到了一些不仅在未来10年，甚至在未来50年都有重大影响的领域，比如环境的可持续发展、国际事务和人类健康。

简明扼要来说，我之前不会常常想我能够给世界留下什么；我一直忙于做一些我希望能够对未来有长远影响的事情。当在2015年被问到我希望未来自己的遗绩是什么时，我比较犹豫。我的直觉告诉我自己："我需要保持谦逊，赞美应该由别人说。"坦诚而言，我常常思考还有些什么问题等着我们去解决，而不是已经成就了些什么。

关注真正有意义的事情

很多人可能从职业生涯开启的第一天起，就开始考虑自己今后的遗绩。当然，一个人如果对他的行为和决定可能带来的社会反馈有所感知，在某些情况下，这可能带来积极的效果。这至少能够在一定程度上抑制他的不道德行为。这样谨慎的考虑应该足够让他一直保持做符合伦理要求的事情。但是，对遗绩的过度强调可能会限制一个人的事业发展，甚至会毁掉他的声誉。举个例子，麦克莱伦将军曾非常在意战役的结果，极度惧怕打败仗。哪怕他在部队中有着很高的声望，他最后还是被林肯撤掉了，因为他一直在尽其所能地避免参加任何的战役。同样，一个成天想着为世人留下“利他主义”精神和遗绩的人，很可能最后做了完全相反的事情，因为他的行为并不是来自对他人的关爱，而是源于自我对遗绩的渴望。一个有着终生服务精神的领导者终将铸就他的遗绩，一个仅仅希望给世人留下美好形象的领导者只会给人留下不真诚的声誉。

在你职业生涯的初期，你应该做的不是忙于建立遗绩，而是在自己的专业领域提高技能、积累经验，培养自己独立开展工作以及团体协作的能力。很多机会可能都是从这开始的。以我为例，当我还是个工程专业学生时，我努力成为一名计算机工程师。当我成为大学教授时，我特别开心。当一个创业的机会出现时，我接受它。当我担任院长时，我发掘出了自己身上的领导潜能，然后我担任了教务长、大学校长。而在我已经 60 多岁时，我接受了一个新的角色——奈特 - 汉尼斯学者项目的负责人。

如果我在 25 岁、40 岁或者 50 岁时忙于建立自己的声誉、避免风险，情况又会如何呢？我可能已经错过了一些在硅谷创办公司的机会。我可能会拒绝担任教务长。我可能今天还在依托着担任斯坦福大学校长时建立起的声誉，拒绝发起这样一个全新的、充满风险的项目。我并没有过多、过早地考虑自己的遗绩问题，而是努力让自己持续不断地做出有意义的贡献。与其在年轻时沉迷于构建自己在他人心中的形象、年老时想方设法获得美誉，不如将一生都倾注于推动世界的改变——这才是更好的人生策略。

指导我行为的目标并不是去构建遗绩，而是在自己有限的时间、精力和资源下，把事情做好。我认为这是一个机会成本的问题。你的时间、精力和能力就是你的机会成本。一旦你将这些东西倾注于一件事情上，那么你就不能做成另外的事情。因此，如果想实现个人价值的最大化，你需要不停地问自己：我如何才能更加有效地运用我的时间和优势呢？

当然，如果你在一个很高的领导职务上工作，你肩上就扛着巨大的责任，也有很多不可控制的因素会决定你的工作结果。如果一个丑闻爆发了，抑或是一个重大的初创项目失败了，你很可能需要承担责任。对这些打击的恐惧可能会使一个领导者踌躇不前，但是你需要做的是把精力集中在如何前行上：你如何才能帮助这个组织成长？你如何才能领导这个组织，使其变得独一无二且为世界带去积极影响？

以我个人经历为例，“斯坦福挑战”计划就是这样一个帮助组织成长、能为世界带来贡献的筹款行动。它旨在推动科研和教学转型，并支持有助于应对全球重大挑战的跨学科初创项目。我们花了 10 年时间去规划和实施这个项目。它帮助我集中精力去做一些真正有意义的事情：带领斯坦福成为一所更加伟大的大学。对我而言，遗绩意味着其他人能够因为你的工作而获益。如果你是一个组织的领导者，你的遗绩在于：在很多具体、硬性的指标的限制下，你所领导的组织获得了长足的发展；在你的领导下，这个组织能够更加有效地服务于社会。这个定义适用于所有组织、在里面工作的所有个体以及不同级别的领导者。

你的角色决定你的遗绩

你在一个组织中的角色在任何时刻都极大程度地决定了你未来遗绩的范围。如果你是个大学教师，你的遗绩的一部分是你所做出的影响其他学者甚至世界的研究成果。不过，你遗绩的最主要的部分其实是你教过的学生。这是为何我们在学术界常提及“师门”。

这样的遗绩在学术界为教授们举办的退休庆祝活动中体现得淋漓尽致。一般而言，庆祝活动包含着一系列的学术讨论会，有时候是全天的学术会议和晚宴。在庆祝活动上，之前的学生和同事会介绍这位教授的研究，同时讲述他们自己的研究如何受到这位教授的影响，一般这个部分就是整个庆祝活动的高潮时刻。

在斯坦福大学，我们特别尊敬那些曾经帮助过我们的学生成长的高中老师。每年，工程学院将用“特曼工程学术成就奖”奖励年级前 5% 的毕业生。获奖者可以邀请对他们影响最大的高中老师来到斯坦福大学参加这个庆祝活动，所有费用均由大学承担。我曾多次作为院长或者学术导师参加这个活动。我在这看到了最感人的一幕：一位受邀的高中老师向我展示了一张她所在高中的照片。她将斯坦福大学的活动邀请函贴在她所在高中的教师食堂的公示板上，她希望借此骄傲地告诉人们，不仅仅是她的学生邀请她参加这个活动，斯坦福大学还会支付所有费用。

当这些老师谈及他们的学生时，他们会非常谦逊地分享这个学生是多么有天赋，并没有人将学生的优秀表现归功于自己的教学。然而学生却一直提及老师是如何启发和鼓舞着他们的。这些受邀而来的老师涵盖了所有学科的教学人员。我们可以看到物理、计算机和数学老师，也能看到外语老师（常常是拉丁语老师）、英语老师，也有辩论教练。这展现了哪怕对主修科学、技术、工程和管理的大学生而言，教人文课程的高中老师对他们也会有极大的影响。

这个活动是希望能向这些杰出的老师们传达一个信息：你们曾经帮助过、启迪过的学生正在做一些有影响力的事情，这就是你们的遗绩。事实上，这个奖项是以斯坦福大学一位伟大的教授、院长和教务长弗雷德·特曼的名字命名的。他曾将自己所著教科书的版税全部捐给了斯坦福大学，并开始了颁发这个奖项的传统。

当然，斯坦福大学的创建基金也是来源于一个馈赠。每年的建校纪念日，我们都组织活动纪念利兰·斯坦福和简·斯坦福夫妇。按照传统，我们鼓励学生们提交感谢文章，并在本科生和研究生提交的文章中各选取一篇在建校纪念日当天的典礼上宣读。

有一年，我们的发言人是斯坦福大学历史上第一个来自蒙古的学生。作为一个主修国际政策研究的学生，她在斯坦福大学探究民主国家是如何建成的，她希望将这样的知识带回蒙古，并推动那里的民主化发展。上台后，她讲了一些自己的故事，然后说："我今天站在这，我在想，如果简·斯坦福和利兰·斯坦福今天坐在台下，他们会说些什么？他们能想到今天会有一个来自地球另一端、立志在自己的国家促进民主制度建设的女孩来到斯坦福大学学习吗？"这个学生的故事再一次提醒我们：你的遗绩来自具有长远影响的行动，而那些影响范围将超乎你的想象。

与时俱进打造你的遗绩

当你刚开始你的事业时，你很难真正知道你的事业将发展得如何，你也很难想到太多和遗绩相关的问题。你能考虑的是你自己的名声。以学术事业的轨迹为例，刚开始时，一个教师非常看重学术作品的发表，她会尝试发表哪怕很小的学术发现，只要她认为期刊编辑和审稿人会接受她的文章。在建立起了学术声誉后，她可能想："我知道我能把这个研究给发表了，因为它满足了期刊的最低要求，我的学术声誉也能确保文章的顺利发表。但是，我并不觉得这个研究能够进一步提高我的学术声誉。”这个教授已经意识到，她只会因为一些很突出的研究成果而被人记住，既然如此，何不尽量将所有的这些都做到杰出的水平呢？

让我们一起看看林肯的例子。他因为赢得美国内战、废除了奴隶制度而被大家永远记住。不过我们常常忽略了他签署的《宅地法》（*Homestead Act*）、《莫雷尔法案》（*Morrill Act*）和《太平洋铁路法案》（*Transcontinental Railroad Act*）推动了美国西部的开发。人们往往会记住那些影响更大、更深远的贡献，所以渐渐淡忘了是他签署了这三个法案。因此，在思考个人的遗绩时，你应该聚焦那些卓越的、有长久影响力的项目和行动。

虽然我们常常将这些卓越的成就归功于组织的最高领导者，但是组织内部的很多人都有所贡献。林肯的战争部部长爱德华·斯坦顿（Edward Stanton）和他的统帅格兰特将军都在美国内战中起到了很重要的作用。查尔斯·莫雷尔（Charles Morrill）资助了林肯的《莫雷尔法案》，而这一法案曾经被前任政府否决过。不管他们是否作为主要的贡献人被记录在历史课本中，这些功绩其实不仅仅是林肯的，也是他们的。

我们很难预测自己的哪些行动将会产生最大的、最持久的影响，因为我们并不能确定人生终将驶向何方。当我刚开始做斯坦福大学校长时，我的确意识到助学系统的重要性，但我完全没想到我们最终创造了斯坦福大学历史上最大的一次助学金总量的增长。我也没想到我们会发起并完成了一个促进斯坦福大学艺术发展的重大项目。我们不仅很难预料到前行的方向，也很难预料到别人将如何看待我们的贡献和努力。不仅如此，当社会对某人遗绩中的积极和消极因素的看法改变后，我们对这个人留下的遗绩的阐释也会发生改变。比如，威尔逊总统曾因他在第一次世界大战中的领导力和创立国际联盟的努力而备受赞誉，但现在我们却在指责他的一些种族歧视观念。林肯的葛底斯堡演讲里有这么一句话："今天我们在这所说的可能无法被这个世界听到，可能不会被人们长久地记住。"现在看来，未来真是难以预测。

帮助他人创造遗绩

从某种意义而言，无论你在你的机构中担任着什么级别的领导职务，你都能帮助他人创造遗绩。正如大学给教授和学生们提供机会去做一些有价值、有深远影响的工作，一个商业机构及其领导者们也能帮助员工做一些对世界有着长远影响的工作。

作为大学校长，我之前有机会帮助校友们在斯坦福大学的历史里创造属于他们的遗绩。很多校友将他们事业的成功至少部分归功于他们在斯坦福大学受到的教育。他们希望通过捐赠表达对母校的谢意。有人认为遗绩意味着有一个以自己名字命名的建筑，但是我接触的校友们有着更长远的期待：他们希望能够给下一代的教师和学生带来更多的机会。

为什么这些已经如此成功的校友们依然如此重视他们的遗绩呢？他们已经有了很杰出的成就：管理或者投资了一些大型企业，同时也获得了财富和名誉。为什么他们希望做得更多呢？我认为有两个动因：一是因为他们希望回馈社会；二是因为他们希望能够建立起对未来有着长远影响的遗绩。在商业领域，特别是在硅谷，今天的百亿美元市值的公司，也就是那些 CEO 出现在《福布斯》杂志封面的公司，明天可能就面临着倒闭。一个人在特定企业中的领导者角色一般只能持续 10 年或是 20 年。这些成功的商业领导者在自己事业的高峰期时可能会反思：我希望用我的一生、我的财富、精力和社会资源去实现什么呢？何不推动世界的变化、让她变得更好？

捐赠并以自己的名字命名一个建筑是否有意义呢？不得不说，先进的设备和建筑让前沿的、有助于提高人类生活水平的研究变为可能。即便是斯坦福大学这样一所吸引了世界一流教师和学生的高校，也需要一流的设施才能完成具有影响力的研究，特别是在科学和工程领域。当然，建筑的功用会随着时间的演进而下降，除非我们建立一个保养甚至是更新某一建筑物的永续基金，正如邓宁家族为斯坦福大学捐赠邓宁大楼时所做的一样。

我在担任校长时觉察到：人们的确在乎自己的遗绩，只是方式有所不同。比尔·休利特和戴维·帕卡德希望他们的捐赠能够为大学提供更好的设备，能够资助学生，并支持开展新的项目。他们也的确在斯坦福大学命名了一些建筑，其中的一个建筑是为了纪念他们共同的老师弗雷德·特曼的。之后，在学校的提议下（也经过了他们的同意），在他们两位去世后，学校以他们两位的名字命名了科学和工程区域进门处的两个建筑。

和他们两位一样，很多人并没有选择将自己的名字和遗绩联系到一起。思科公司前 CEO 约翰·莫格里奇（John Morgridge）和他的夫人塔夏·莫格里奇（Tashia Morgridge）

向斯坦福大学捐赠了一笔钱以支持学校建设、资助教授席和学生奖学金。但到目前为止，学校没有任何一个建筑以他们两位的名字命名。的确，我们不一定需要把自己的名字加到遗绩之上。当我去佛罗伦萨时，我喜欢到主教堂周围去观察那些刻在大理石上的复杂图案，有漂亮的甲虫、蝴蝶、花朵和无花果树叶。一些艺术家可能花了上百个小时去雕刻某些图案，但是，他们并没有留下自己的名字。虽然无法查证这些艺术家的名字，但他们的作品却已经流光溢彩了近 800 年。

在我作为校长时，如同其他非营利性组织的执行主管一样，我一部分的工作是帮助一些拥有物质财富的人决定如何进行慈善捐款。我当时有两个目标：带他们领略帮助他人的快乐，同时让他们为社会留下的东西能够帮助改变世界。

我的这些工作最终促成了两个推动斯坦福大学艺术领域发展的项目：宾氏音乐厅（见第 9 章）和安德森美术馆（见第 6 章）。但是，斯坦福大学的艺术系仍旧被安置在一个老旧且没有太多建筑设计感的大楼中，那里也没有足够的空间满足学生对艺术课程不断增长的需求。我们需要一些有志于推动艺术发展和推动斯坦福大学发展的捐赠者，帮忙建起艺术系新楼。

因此，当我在去往加州的、持续 5 个小时的航班上遇到麦克默特利夫妇（Burt and Deedee McMurtry）时，我决定试试看问问他们是否有兴趣。他们了解到一个新的艺术系大楼将成为斯坦福艺术区域的一颗明珠，坐落在坎托艺术博物馆、安德森美术馆和宾氏音乐厅之间。他们也了解到一些新的设施将帮助具有创造力的学生们去探索艺术的世界、突破他们的想象力极限。麦克默特利夫妇喜欢我的这一计划，他们也同意出资修建一个由迪勒－斯科菲德－伦弗洛公司（Diller Scofidio-Renfro）设计的极具建筑美感的大楼。今天，麦克默特利艺术大楼成为斯坦福大学的一个新亮点，也让我们记住了麦克默特利夫妇对斯坦福大学、对我们的学生和对艺术的热爱。

在我做院长、教务长和校长的 20 年里，我参加了很多庆祝活动，包括捐赠大楼、资助教授席以及捐款支持新的研究和教育项目等。每一次活动中，我们都让捐赠者感受到，一代代的学生和教职工将会受益于他们慷慨捐赠，这是他们真正的遗绩。这些庆祝活动总是以微笑、拥抱和感恩结束。捐赠者的喜悦之情溢于言表，这让我确认我们的工作完成得不错。

等待机会再做下一步打算

很多运动员在运动机能耗竭、盛名不再后，职业生涯便很难再继续。因此，我曾想过在自己校长任期的制高点时终止我当时的工作。我们在 2012 年结束了第二个筹款周期，我原计划在那时宣布我的离职决定。那时，我们按时间计划结束了募资，共募集了超过原计划 40% 的金额。更重要的是，我们获得的捐款已经极大地推动了斯坦福大学的发展。我们给本科生和研究生提供了更多的资助；在校园的工程学院区域，漂亮的新楼和新院子取代了之前杂乱无章的建筑；新的博物馆、剧场、艺术工作室等设施，为斯坦福大学的艺术事业发展添砖加瓦；我们也建立了一些旨在解决社会问题的初创项目，涉及卫生保健、环境的可持续发展，以及世界的和平、安全和发展等议题。

那时，我的很多朋友和同事都认为我在自己的任期上已经取得了足够多的成功，继续在这个岗位上工作给我带来的主要是风险，因为我们不知道什么时候就会有一些学校相关的争议甚至是丑闻爆发，这可能对我的声誉造成影响。但是，我个人不是特别担心这些风险。我当时考虑得更多的是，如何才能确保我们给学校带去的改变能够持续到更远的将来。我们还需要几年的时间去发展和完善一些项目。同时，我也需要一些时间去考虑在斯坦福大学的最后这段时间要做些什么，去考虑我辞去校长职务后的下一个工作是什么。

当我在设想自己辞去校长职务后的生活时，我没有一个特别想做的研究内容。所以，我以为我之后会上一些课，再加入几个董事会，同时给自己更多的时间去旅行。这样的慢节奏、卸下繁重责任的生活，于我而言是很有吸引力的。不过，在我和我的一个好友，麦肯锡公司的前高级合伙人比尔·米汉（Bill Meehan）的一次交谈后，我改变了主意。在他看来，这样平淡的生活不太可能让我有满足感，他建议我将之后的时间放在一个有重大意义的事业上。奈特－汉尼斯学者项目最终成为这个事业。

辞去校长职务，并担任奈特－汉尼斯学者项目创始主管的决定给我的人生带来了几个有趣的问题。第一，当我达到校长退休年龄时，对于一个创业项目，我的年龄是不是太大？当我 45 岁时，我会说："没问题，我有很多精力，我也有时间和经验。"但到 65 岁时，我会想："我有足够的精力吗？我的健康状况能否跟得上这样的工作节奏？我希望重新进入一种创业模式吗？在这样的模式下，我会被要求去做很多新的工作以帮助机构取得成功。或者，我是否更愿意继续在一些我已经获得很多经验和智慧的领域做一些咨询工作？”

没有一个很直接的答案。当你年轻的时候，你充满活力。不过，随着年龄的增长，你会获得更多的技能、职业素养和智慧。到那时，所有你即将遇到的挑战你曾经都已经遇到过，因此你知道你没问题。因此，比起年轻的你，年长的你可以用更少的时间、金钱和精力就能解决这些事情。除此之外，没有什么东西会像创业那样让人激动不已，这本身就能让年长的你变得精力充沛。

作为奈特－汉尼斯学者项目的初创主管给我带来的第二个问题是：我愿意承担失败的风险吗？有的人越年长，就越不愿意将自己积累起的声誉置于失败的风险之下。而有的人越年长就越不在乎这些，他们愿意去追求新的机会，因为这些新的工作内容本身就很吸引他们。个人而言，我不是特别担心失败可能带来的风险。我习惯以科学家的方式去看待这些机会。我会尝试去评估这些机会的成功概率。我也会想一些方法论的问题：我如何去做这样的评估呢？对于奈特－

汉尼斯学者项目，我和学校的院长们、校董事会主席史蒂夫·邓宁以及几个校外的人一起评估了这个想法，之后也和更多别的人讨论过。最后，我和一些潜在的资助人聊过这个计划。在这个过程中，我有意让别人提出对这个想法和计划的改进意见，这不仅仅是对他们的智慧和经验的尊重，也让他们成为促进这个计划成功的积极分子。在那之后，我才决定全身心地投入这个计划的实施中。

我曾被问过《圣经》对我作为大学校长的工作有着什么样的影响。我当即想到了一个关于金钱的寓言。一个主人分别给了他的三个仆人一些钱。其中的一个仆人将他得到的钱埋到了土里，主人回来时对这一行为表示了轻蔑之意。另外两个仆人将得到的钱拿去投资，得到了回报。当你获得一些资源、一些机会，你将如何使用呢？如果你总是问自己一个问题："我如何才能在一生中改变世界，为社会做出贡献？"那么你的遗绩将会随着你的行动而诞生。

如果你希望被世界记住，那么就做一些在你离开世界后仍有影响力的事情。在我作为大学校长的任期内，我们见证了很多大楼在斯坦福大学拔地而起。虽然这些能给整个大学带去积极影响，但建筑不会永垂不朽。运动鞋也如此。菲尔・奈特和我都深感如此。我们有着相同的愿景，都认为培养和启发那些将会影响世界的未来领袖是一件有着长远影响力的事情。我们已经搭建好了团队去实现这一愿景。

虽然开始这样一个初创项目可能有很大的风险。但是我最近时常在一些细节中发现这个探险之旅中的乐趣。比如，2017 年秋季，在阅读第一届奈特－汉尼斯学者项目的申请资料时，我读到了不少和我们有着相同愿景的申请者的材料。其中的一些人已经创建了一些新兴的、成功的公益型企业，有的致力于维护人权和终结核蔓延，也有的正在世界上比较贫穷的地方发展当地经济。

菲尔・奈特刚好那天也在斯坦福大学，在许多申请材料中，我们看到了潜在的奈特－汉尼斯学者在未来 10 年、20 年甚至更长的时间里，可能给世界带去的改变。对我而言，我是不是会因此被世人记住并不重要，重要的是那些因此获得帮助的人们。

关键要领 Leading Matters

1. 思考还有些什么问题等着我们去解决，而不是已经成就了些什么。
2. 一个有着终生服务精神的领导者终将铸就他的遗绩，一个仅仅希望给世人留下美好形象的领导者只会给人留下不真诚的声誉。
3. 如果想最大化个人价值，你需要不停地问自己：我如何才能更加有效地运用我的时间和优势呢？
4. 你的遗绩来自你长期采取的具有长远影响力的行动。遗绩意味着其他人能够因为你的工作而获益。
5. 无论你在你的机构担任着什么级别的领导职务，你都能帮助他人创造遗绩。
6. 如果你希望被世界记住，那么就做一些在你离开世界后仍有影响力的事情。

结 语

培养未来的世界级领袖

若每个人都无须等待，

现在就可以开始逐渐改变这个世界，那该多么美好！

若每个人，无论伟大或渺小，

都能立刻贡献自己的力量以匡扶正义，那该多么美好！

——安妮·弗兰克

《安妮日记》

2018 年秋天，奈特－汉尼斯学者项目的首批学者开始了他们的学业。迎接他们的是崭新的楼舍、全新的管理团队以及成长为改变世界的领导者的新契机，我们精心挑选了全校最富声望的教师为他们提供指导。这对每一位参与者而言都是一个前所未有的时刻。

我写这本书的时候是 2017 年 12 月，正是斯坦福大学的晚秋时节，与旧金山湾区的秋天相仿——有些多雨，飘落的树叶暴露了季节，但不算冷。我刚刚讲授完一门面向许多很优秀的一年级学生的新生研讨课程，发觉假期将至，又到了一年的尾声。

卸任斯坦福校长一年后，这段人生中激动人心的时光正逐渐远去。就像校园里光秃秃的树木一般，我已经为新的生活做好了准备——审读学者项目申请书，关注邓宁大楼的修建，招募奈特－汉尼斯学者项目团队。

我们常说，人生难料。两年前，当我在展望卸任后的生活时，想象的是自己享受着一种半退休式的生活，担任一些公司的董事，同时教一两门课，这是一个退休教授或公司管理者的典型生活状态。然而，当同龄人们忙着预订邮轮旅行，或已过上了简单的生活之时，我却发现自己正面对一个全新的挑战。

在我就任斯坦福大学校长时，我以为这将成为自己职业生涯的巅峰——是尽我毕生所能的最后一次行动，也是为我所热爱的机构带来积极影响的一次机遇。16 年的校长生涯，所幸不辱使命。但我万万不曾想到，担任校长并非巅峰，而只是一个序幕。

领导斯坦福大学是我遇到过的最大的挑战，但我所拥有的优势也显而易见：学校悠久的历史、全明星团队的支持合作都为我提供了帮助。如果我是成功的，那这个成功也是建立在学校创始人及过去 9 位校长的功业之上的；如果我是失败的，纵然在这个过程中会错失很多机会，学校也具备足够的能力重新回到正轨。无论怎样，当前路莫测时，学校百年的历史与使命会是支撑我的力量，同时我还拥有一个对大学运行各个方面都很了解的一流团队为我提供支持。

相反，在奈特－汉尼斯学者项目中，我面对的是一张白纸，是我成为“创业者”以来从未遇到过的挑战。起初这只是菲尔·奈特和我的一个理念，如今我和我的团队必须将理念变为现实。

没有人能确切地告诉我们如何创建这个项目，应该挑选哪些学者，或者什么样的方法有助于培养领导者潜能。我们正在书写自己的使命宣言。到目前为止，我们既没有已经被验证可行的理念，也没有可供效仿的模板。相反，我们从一开始就要用一个未经试验的模型进行“创造”。

因此，我很感激自己在作为美普思公司创始人时度过的那段短暂时光，正如我感激在斯坦福大学的岁月一样。在这些日子里，我发现自己过着如同高科技创业企业家般的生活，每天身兼数职，从倡议人到项目代言人，再到财务顾问和教授。感谢上帝，我再一次拥有了一个才华横溢、对项目尽心尽力的员工团队，他们处理了在招生最后阶段收到的无数来电。

作为一名创业者，我收获的教训之一是，成功几乎与失败同样危险，特别是在需求远远超过供给的情况下。截至 2017 年 12 月，奈特－汉尼斯项目收到了超过 3600 份申请，竞争第一届的 50 个名额。申请者来自 100 多个国家，分布在斯坦福 95% 的研究生项目中，代表着一个真正的全球化群体。而我们的录取率将低于 1.5%，这比斯坦福大学的任何其他学位项目都低。

不幸的是，我们要让许多申请者失望了，虽然他们其中很多人无论以什么标准衡量都十分优秀。这又引出了层出不穷的问题：我们是不是太过于控制规模了？是否应该尽量更迅速地把学者规模扩大到 100 人？这会影响项目的质量吗？

我们选择学者的标准是否正确，是不是还没有找到能够反映杰出领导者潜质的关键因素？课程体系是否符合当前的目标？还是强调了错误的东西？

我写这本书，部分是为了探讨我所领悟到的领导者特质和行为准则，有些是从我所尊敬的领导者们身上学到的，有些是从我自己的经历（有时是痛苦的经历）中习得的，但都对成为优秀的领导者至关重要。有的特质和行为准则与直觉相反，还有一些则偏离了学校和教材中所传授的关于领导力的传统观点。现在我们要面对的问题是，这些特质是否可以教授给大家？如果可以，该怎么教？毫无疑问，奈特－汉尼斯学者是这个星球上最聪明的一群人，但我们为他们计划的这些经历能够帮助他们提升技能、增强同理心，并为未来的挑战和机遇做好准备吗？

这些问题仍有待解答，当然，我们也会犯错误。值得庆幸的是，过去 30 年的经历教会了我不要害怕犯错，而要从错误中吸取教训，做出调整，再继续前行。我同时学会了，用马丁·路德·金的话来说："迈出第一步时无须看到楼梯的全貌。"因此，过往积累的智慧与对未来的好奇心，将指引我们向前行进。

一路走来，我与许多人建立了友谊，得到了他们的帮助与忠告，如果没有这些，我不会开启这次冒险。他们当中的一部分人我已经在书中提及。其中有一个人，从 50 年前，在长岛一家名为金·库仑（King Kullen）的杂货店打工时，就一直陪伴在我左右，她就是我的妻子，安德烈娅。没有她的耐心、包容、出色的交际能力和对我的大力支持，本书所提及的大部分事情我都不可能完成，更无法达成如今的成就。在丈夫为工作奔波了 40 多年后，她也许原本希望我能待在家里照料花园、修理管道。然而，我又接下了一项未来还会忙碌好些年的新任务。她仍旧支持着我在这条路上迈出的每一步，这正是她的爱与无私的证明。同时她也提醒着我，如果我仍像 20 年前那样安排自己的时间节奏，我可能不会有最好的表现。

我也要对菲尔·奈特表达最深刻的谢意，感谢他对我们正在创建的这一项目的支持和对我本人的信任。还有很多人的加入使奈特－汉尼斯学者项目得以实施，包括史蒂夫·邓宁、鲍勃·金（Bob King）、杨致远、迈克·沃尔普（Mike Volpe）、苏珊·麦克考（Susan McCaw）、约翰·葛恩（John Gunn）、拉姆·施拉姆等。

2018 年 1 月，我们邀请 103 名最终候选人在一个周末来到学校，向他们介绍斯坦福大学，这也为我们提供了与候选人见面的机会，以便做出最后的选择。那是一个美妙的周末，充满兴奋与新鲜感，与一群致力于让世界更美好的人相处是段愉悦的经历。之后，我们开始了艰难的选择过程，最终将入围名单缩减至首批录取的 51 名学者。2018 年 2 月中旬，我亲自致电每一位最终入选的学者，以告知他们这个消息。这群年轻人来自 21 个国家，分属 38 所不同的本科院校，可就读于斯坦福大学全部 7 所学院的研究生学位项目中的任意一个。

这是一个帮助下一代世界级领袖成长的机会，他们将会处事开明、善解人意、为人谦逊、能力卓越。这正是激励我和我的团队前进的动力之所在。希望我们能将这个世界变得更加美好。如果大多数人在我们的生活中只会因一件事被铭记，于我而言，我希望那是奈特－汉尼斯学者项目。

汉尼斯的图书馆

书本是最安静的也是最恒久的朋友，
它常伴我们左右；它是最易接近、最有智慧的顾问，
也是最有耐心的老师。

——查尔斯·艾略特
哈佛大学历史上任期最长的校长

以下是我读过并从中学习到很多东西的一些书。我将这些非小说类的书以主题分类进行列示。在每一个主题下，我都选择了一本书作为例子，分享我读完此书后的一些感悟。总的来说，比起直接讨论领导力的书，我更喜欢个人传记和历史类书籍。即便如此，我还是附上几本与本书内容相关的领导力书籍。在最后，我会提供一个小说家名单，他们的书给我提供了很多视角，特别是关于我们应该选择何种方式去生活。

领导力的本质

华盛顿和他所生活的时代

- David Hackett Fischer, *Washington's Crossing* (New York: Oxford University Press, 2004)
  这本书讲述了美国独立战争期间，华盛顿在纽约经历了一系列战役失败后并没有退缩，而是继续组织进攻的历史故事。这里所谓的 Crossing（十字路口）是一语双关，一方面指代华盛顿的个人转变，他在战败后转而采用了一个新的策略；同时也指代他在特拉华州面对的真正的十字路口。戴维·麦卡洛（David McCullough）的书《1776》也讲述了同一时期的故事。以下的书都强调了华盛顿谦逊的品质和他对平等、贤能政治的看法。
- 罗恩·切诺，国家的选择．钱峰，译．北京：北京联合出版有限责任公司，2014．
- David McCullough，*1776* (New York: Simon&Schuster, 2005)

林肯和他所生活的时代

- Doris Kearns Goodwin, *Team of Rivals: The Political Genius of Abraham Lincoln* (New York: Simon & Schuster, 2006)
  在这个主题下，我不得不从很多对我有极大影响的书中选出几本来介绍给大家。我选择这本书是因为它深刻地讨论了团队建设、合作、谦逊、道德感和勇气等主题。
- David Herbert Donald, *Lincoln* (New York: Simon & Schuster，1996)
- James McPherson, *Tried by War: Abraham Lincoln as Commander in Chief*

(New York: Penguin Press, 2008)

- William Lee Miller, *Lincoln's Virtues: An Ethical Biography* (New York: Vintage, 2003)
- Ronald C.White Jr., *Lincoln's Greatest Speech: The Second Inaugural* (New York: Simon & Schuster, 2002)

罗斯福和他所生活的时代

- David Kennedy, *Freedom from Fear: The American People in Depression and War, 1929—1945* (New York: Oxford University Press, 1999)
  这是一本历史书而非传记。不过这段历史时期的各个场景都充斥着富兰克林・罗斯福的身影，从他 1932 年赢得总统选举到 1945 年去世。这本书的内容包括他在“大萧条时期”的炉边谈话、他为对抗经济萧条和失业潮所采取的措施、他与丘吉尔的关系、他与英国的结盟，也包括他如何动员巨大力量去赢取战争。在这本书中，我们能看到，罗斯福是一个很有决心的领导者。
- H.W.Brands, *Traitor to His Class: The Privileged Life and Radical Presidency of Franklin Delano Roosevelt* (New York: Anchor Books, 2008)
- Doris Kearns Goodwin, *No Ordinary Time: Franklin and Eleanor Roosevelt—The Home Front in World War II* (New York: Simon & Schuster, 1994)
- Jon Meacham, *Franklin and Winston: An Intimate Portrait of An Epic Friendship* (New York: Random House, 2003)

其他美国总统及其生活的时代

- Edmund Morris, *The Rise of Theodore Roosevelt* (New York: Modern

Library, 2001), *Theodore Rex* (New York: Modern Library, 2002), *Colonel Roosevelt* (New York: Random House, 2010)
西奥多·罗斯福是一个很不平凡的人，他有很多身份，他是运动员、知识分子、历史学家、探险者、改革家、农场经营家，同时也是一位了不起的美国总统。他克服了疾病、改革了美国的公共服务系统、打击了垄断财团、创立了国家公园系统、助力了日俄战争的结束，同时，他还在60多岁时探索了亚马孙河的无人区域。这可谓一段传奇的人生。其中，《领袖的崛起：西奥多·罗斯福》简体中文版已出版。

- H.W.Brands, *Andrew Jackson: His Life and Times* (New York: Doubleday, 2005)
- Robert Caro, *Master of the Senate: The Years of Lyndon Johnson* (New York: Alfred A. Knopf, 2002)
- Timothy Egan,*The Big Burn: Teddy Roosevelt and the Fire That Saved America* (New York: Mariner Books, 2010)
- Joseph Ellis, *American Sphinx: The Character of Thomas Jefferson* (New York: Alfred A. Knopf, 1997)
- Ulysses S. Grant, *The Personal Memoirs of U.S. Grant,* 3 volumes (Cambridge, Mass.: The Belknap Press of Harvard University Press, 2017)
- David McCullough, *John Adams* (New York: Simon & Schuster, 2001)
- David McCullough, *Truman* (New York: Simon & Schuster, 1992)
- Jack McLaughlin, *Jefferson and Monticello: The Biography of a Builder* (New York: Henry Holt, 1988)

美国开国元勋、早期领导人及其时代

- H.W.Brands, *The First American: The Life and Times of Benjamin Franklin*

(New York: Doubleday,2000)

富兰克林在很多方面都可以被看作美国开国元勋中最杰出的那位。他不仅仅是政治家，也是科学家和作家。他是个博学的人，来自很普通的家庭。他组建的团队是知识社会最好的模板，他发明的玻璃琴也非常精妙。从他所写的短文到年鉴中，我们都能看出他是个多产且富有洞见的作家。作为一个外交家，他可以说是劝服法国加入美国独立战争的头号人物，而约克镇战役正是在法国海军的帮助下获得胜利的。在他的身上，我们还能找到很多需要赞赏且值得学习的东西。

- 沃尔特·艾萨克森. 富兰克林传. 孙豫宁，译. 北京：中信出版社，2016.
- 罗恩·彻诺. 汉密尔顿：美国金融之父. 应韶，译. 上海：上海远东出版社，2011.
- David Hackett Fischer, *Champlain's Dream* (New York: Simon & Schuster, 2008)
- David Hackett Fischer, *Paul Revere's Ride* (New York: Oxford University Press, 1994)
- Jack Rakove, *Original Meanings: Politics and Ideas in the Making of the Constitution* (New York: Alfred A. Knopf, 1996)
- Cokie Roberts, *Ladies of Liberty: The Women Who Shaped Our Nation* (New York: HarperCollins, 2016)

美国其他领导者

- David Garrow, *Bearing the Cross: Martin Luther King Jr., and the Southern Christian Leadership Conference* (New York: HarperCollins, 1986)

这是个艰难的选择，因为关于这一话题有很多值得一读的书。如果不得不选择一本，这本马丁·路德·金的传记很值得推荐。因为它全面地展现了马丁·路德·金的领导力之旅，从不太情愿的心态开始，到一路遇到的很多挫折。故事的最后，我们会看到一个为领导民众而生的人不顾那些他已经预计到的危险，义无反顾地献身伟大的事业。

- 劳拉·希伦布兰德．坚不可摧．王祖宁，译．重庆：重庆出版社，2015.
- 菲尔·奈特．鞋狗．毛大庆，译．北京：北京联合出版公司，2016.
- 威廉·曼彻斯特．美国的恺撒大帝．黄瑶，译．北京：中信出版集团，2017.
- 罗恩·切诺．洛克菲勒．王鹏，译．北京：国际文化出版公司，2007.
- 凯瑟琳·格雷厄姆．我的一生略小于美国现代史．萧达，译．北京：民主与建设出版社，2018.
- 沃尔特·艾萨克森．基辛格：大国博弈的背后．刘汉生，等译．北京：国际文化出版公司，2012.
- T.J. 斯泰尔斯．第一大亨．粟志敏，栗之敦，莫崇晟，译．杭州：浙江人民出版社，2013.
- Sara Josephine Baker, *Fighting for Life* (New York: New York Review, 2013 [1939])
- Kai Bird, Martin J. Sherwin, *American Prometheus: The Triumph and Tragedy of J. Robert Oppenheimer* (New York: Alfred J. Knopf, 2005)
- Elisabeth Bumiller, *Condoleezza Rice: An American Life: A Biography* (New York: Alfred J. Knopf, 2005)
- Robert Caro, *The Power Broker: Robert Moses and the Fall of New York* (New York: Alfred A. Knopf, 1974)
- Lynne Olsen, *Citizens of London: The Americans Who Stood with Britain in Its Darkest, Finest Hour*(New York: Random House, 2010)

- Condoleezza Rice, *Extraordinary, Ordinary People: A Memoir of Family* (New York: Three Rivers Press, 2011)
- William T. Sherman, *Memoirs of General W. T. Sherman* (New York: Three Rivers Press, 2011)
- Booker T. Washington, *Up from Slavery: An Autobiography* (various editions; first published New York: Doubleday, 1901)

世界其他领导人：古代

- Donald Kagan, *Pericles of Athens and the Birth of Democracy* (New York: Free Press, 1991)

  读完卡甘关于伯罗奔尼撒战争的那本历史书后，我阅读了这本书。书中讲述的伯里克利是雅典城邦黄金时期的绝对领导人。在这 30 年里，雅典的民主得到扩大，经济力量和地区影响力增加，艺术也繁荣了起来。一些大型项目，比如帕特农神庙也在这一时期开始修建。
- Anthony Everitt, *Augustus: The Life of Rome's First Emperor* (New York: Random House, 2006)
- Harold Lamb, *Alexander of Macedon* (various editions; first published New York: Doubleday, 1946)
- Harold Lamb, *Hannibal: One Man Against Rome*(various editions; first published 1958)
- Richard Winston, *Charlemagne* (various editions; first published London: Eyre & Spottiswoode, 1956)

世界其他领导人：现代

- Robert K. Massie, *Peter the Great: His Life and World* (New York: Alfred A. Knopf, 1980)
  这本书讲述了彼得大帝如何带领俄罗斯从落后的中世纪国家变成一个欧洲强国。他深入欧洲腹地，通过游学和担任造船学徒向别的国家大胆学习。他不顾各方反对，决心要将俄罗斯带入现代社会；身居万人之上，他仍旧保持谦逊，勇于向他人寻求帮助。这些都很可贵。
- 纳尔逊·曼德拉. 漫漫自由路. 谭振学，译. 桂林：广西师范大学出版社，2014.
- 莫·卡·甘地. 甘地自传. 启蒙编译所，译. 上海：上海社会科学院出版社，2015.
- Roy Jenkins, *Churchill: A Biography* (New York: Macmillan, 2001)
- Robert K. Massie, *Catherine the Great: Portrait of a Woman* (New York: Random House, 2011)
- Andrew Roberts, *Napoleon: A Life*（New York: Penguin, 2014, 2015）

领导者和他们的探险

- Alfred Lansing, *Endurance: Shackleton's Incredible Voyage* (various editions; first published 1959)
  欧内斯特·沙克尔顿的艰险旅途可谓是最扣人心弦的领导力故事。在被困于南极极地冰冻后，他们的行船沉没了。沙克尔顿带领着船上的人跨越了两个大洋、用救生艇在开放海域航行了 1000 余英里。沙克尔顿的领导力和团队建设能力在这次探险之旅中起到了至关重要的作用。这些能力帮助他完成了对全体船员的救援工作。

- T. E. 劳伦斯. 智慧七柱. 蔡悯生，译. 上海：上海文艺出版社，2016.
- Daniel James Brown, *The Boys in the Boat: Nine Americans and Their Epic Quest for Gold at the 1936 Berlin Olympics* (New York: Penguin, 2014)
- Maurice Herzog, *Annapurna: The First Conquest of an 8,000-Meter Peak* (New York: Lyons Press, 1997 [1952])
- Nathaniel Philbrick, *In the Heart of the Sea: The Tragedy of the Whaleship Essex* (New York: Viking Penguin, 2000)

企业、政府和学术界领导力

- John W. Gardner, *Living, Leading, and the American Dream* (San Francisco: Jossey-Bass, 2003)

  加德纳在政府、非营利性机构和学术界都是很成功的领导者。他曾提道："我们都面对着一系列的好机会，只不过这些机会都隐藏在一些看似无法解决的问题中。"这句话一直都在启发着我。在林登·贝恩斯·约翰逊时期，加德纳曾以共和党身份担任美国卫生、教育和福利部部长。他是"国家老年人医疗保险制度"的首席设计师。他恪守自己的原则，以退出内阁的方式表达对美国发动越南战争的反对。他创立了公民组织"共同事业"（Common Cause），也主导了美国公共广播公司的创立。在他离世前，我曾在一个小型午餐会上碰到过他，我永远也不会忘记那次碰面。加德纳的书都是从他丰富的领导力经验中总结出来的。
- 沃伦·本尼斯. 成为领导者（纪念版）. 徐中，姜文波，译. 杭州：浙江人民出版社，2016.
- 史蒂芬·柯维. 高效能人士的七个习惯（30 周年纪念版）. 高新勇，王亦兵，葛雪蕾，译. 北京：中国青年出版社，2018.
- 罗伯特·盖茨. 新领导者的破局法则. 杨具荣，路玲，译. 北京：金城出版社，2018.

- 比尔·乔治，彼得·西蒙斯．真北．刘祥亚，译．广州：广东经济出版社，2008.
- 罗伯特·K. 格林利夫．仆人式领导．徐放，齐桂萍，译．南昌：江南人民出版社，2008.
- William G. Bowen, ed. Kevin M. Guthrie, *Ever the Leader: Selected Writings 1995—2016* (Princeton, NJ: Princeton University Press, 2018)
- Kevin Cashman, *Leadership from the Inside Out, Becoming a Leader for Life* (3rd ed., Oakland: Berrett-Koehler, 2017)
- Gerhard Casper, *The Winds of Freedom: Addressing Challenges to the University* (New Haven, CT: Yale University Press, 2014)
- Vartan Gregorian, *The Road to Home: My Life and Times* (New York: Simon & Schuster, 2003)

从历史中洞见未来

美国历史：19 世纪

- Daniel Walker Howe, *What Hath God Wrought: The Transformation of America, 1815—1848* (Oxford, UK; New York: Oxford University Press, 2007)

  我是牛津大学出版社出版的美国历史系列丛书的忠实读者，这个系列中的很多书都会在此处出现。丹尼尔·沃克·豪的这本书主要讲述了从安德鲁·杰克逊总统崛起到美墨战争期间的美国历史。这是一段讲述美国高速发展和更加多元化的故事，也提到了宗教对社会发展的影响、社会对于奴隶制和女性权利的观点的分裂，以及美国与墨西哥之间的战争。

- 托克维尔. 论美国的民主. 江菲菲，译. 北京：北京时代华文书局，2018.
- Stephen Ambrose, *Nothing Like It in the World: The Men Who Built the Transcontinental Railroad,1863—1869* (New York: Simon & Schuster, 2000)
- James M. McPherson, *Battle Cry of Freedom: The Civil War Era* (Oxford, UK; New York: Oxford University Press, 1988)
- Louis Menand, *The Metaphysical Club: A Story of Ideas in America* (New York: Farrar, Straus and Giroux, 2001)
- Mark Twain, *Life on the Mississippi* (various editions; first published 1883)
- Richard White, *Railroaded: The Transcontinentals and the Making of Modern America* (New York: W.W. Norton, 2011)
- Gordon S. Wood, *Empire of Liberty: A History of the Early Republic, 1789—1815* (Oxford, UK; New York: Oxford University Press, 2009)
- Richard Zacks, *The Pirate Coast: Thomas Jefferson, The First Marines, and the Secret Mission of 1805* (New York: Hyperion, 2005)

美国历史：20 世纪

- David Halberstam, *The Coldest Winter: America and the Korean War* (New York: Hyperion, 2007)

  哈珀斯塔姆以讲述越南战争的历史而为大家熟知。这本《最寒冷的冬天》说明了第二次世界大战后的朝鲜战争为紧接着的美国其他对外战争奠定了失败的基调。在朝鲜战争中，美国犯了很多错误：没有很好地为冬天做出相应的战争准备，以及麦克阿瑟对中国支援能力的错误预估。这些都导致美国在战争中承受大量损失，也让战争最终陷入了僵局。在麦克阿瑟与杜鲁门总统公开争吵后，麦克阿瑟也被开除了。这是美国之后一系列基于道德或者政治考量的对外战争的失败的开始。

- Rick Atkinson, *An Army at Dawn: The War in North Africa, 1942—1943*(New York: Henry Holt, 2002), *The Day of Battle: The War in Sicily and Italy, 1943—1944* (New York: Henry Holt, 2007), *The Guns at Last Light, The War in Western Europe, 1944—1945* (New York:Picador, 2013)
- Jonathan R. Cole, *The Great American University: Its Rise to Preeminence, Its Indispensable National Role, Why It Must Be Protected*(New York: Public Affairs, 2009, 2012)
- David M. Kennedy, *The American People in World War II: Freedom from Fear, Part II* (Oxford, UK; New York: Oxford University Press, 1999)
- Richard Rhodes, *The Making of the Atomic Bomb* (New York: Touchstone, 1988)
- Ted Sorenson, *Counselor: A Life on the Edge of History* (Norwalk, CT: Easton Press, 2008)

世界历史：古代

- John R. Hale, *Lords of the Sea: The Epic Story of the Athenian Navy and the Birth of Democracy* (New York: Viking, 2009)
  约翰·黑尔是伟大的作家，也是个伟大的演说者。这本关于雅典历史的书教会我很多东西。雅典是第一个高度依赖贸易的地区，之后的罗马也是。雅典也是一个民主政体，在这里的普通公民都能参与博物馆的管理，并保卫着自己的国土。
- 爱德华·吉本．罗马帝国衰亡史．席代岳，译．杭州：浙江大学出版社，2018.

- 希罗多德. 不可不知的波斯战争故事. 周莹，淘沙，译. 北京：航空工业出版社，2003.
- 唐纳德·卡根. 伯罗奔尼撒战争. 陆大鹏，译. 北京：社会科学文献出版社，2016.
- 修昔底德. 伯罗奔尼撒战争史. 徐松岩，译. 上海：上海人民出版社，2017.
- Barbara Mertz, *Temples, Tombs & Hieroglyphs: A Popular History of Ancient Egypt* (New York: Dodd, Mead, 1964)
- Ian Shaw (editor)，*The Oxford History of Ancient Egypt* (Oxford, UK; New York: Oxford University Press, 2000)

世界历史：近现代到现代时期

- Barbara W. Tuchman, *A Distant Mirror: The Calamitous 14th Century* (New York: Ballantine, 1978)
  塔奇曼的这本书主要讲述了 14 世纪的历史，描绘了惨烈的战争、普通人的艰难生活和专横的封建体制。他揭开了骑士精神的表象，展现了一个没有太多优点的阶级分化系统。
- 罗杰·克劳利. 财富之城. 陆大鹏，张骋，译. 北京：社会科学文献出版社，2015.
- 罗杰·克劳利. 海洋帝国. 陆大鹏，译. 北京：社会科学文献出版社，2014.
- 罗杰·克劳利. 1453 君士坦丁堡之战. 陆大鹏，译. 北京：社会科学文献出版社，2014.
- Dominic Greene,*Three Empires on the Nile: The Victorian Jihad, 1869—1899*

(New York: Free Press, 2007)

- Timothy E. Gregory,*A History of Byzantium* (Malden, MA: Blackwell, 2005)

世界历史：20 世纪

- Margaret MacMillan, *Paris 1919: Six Months That Changed the World* (New York: Random House, 2002)
  1919 年巴黎和会的主调绝不是谦逊，而是贪婪。欧洲大国联盟的复仇之心和美国威尔逊总统的低效导致施加给德国的赔偿数额是德国不可能偿还的。这最终给希特勒的上台创造了环境。这本书和塔奇曼关于第二次世界大战起源的书都说明了这些问题已为第二次世界大战埋下伏笔，最后造成了不幸的结果。
- 利雅卡特·艾哈迈德，金融之王．巴曙松，李胜利，等译．北京：中国人民大学出版社，2011.
- 巴巴拉·W. 塔奇曼．八月炮火．张岱云，译．上海：上海三联出版社，2018.
- Robert K. Massie, *Nicholas and Alexandra: The Classic Account of the Fall of the Romanov Dynasty* (New York: Atheneum, 1967)

各个文明的历史及其发展

- Jared Diamond, *Guns, Germs, and Steel: The Fates of Human Societies* (New York: W.W. Norton, 1999)
  戴蒙德的这本《枪炮、病菌与钢铁》提出了一个很有意思的假说：是地理和自然因素，而非文化因素，导致了不同社会间的巨大差异。戴蒙德提供的一些例子很有说服力，但在别的一些例子中，他的这个假说似乎不能被证实。弗格森关于文明发展的书能够提供一个有意思的对比。弗格森提供了一些同样有说服力的例子，说明了不同的文化和法律系统导致了一些社会差异。两个不同的思考路径都提供了很好的（如果不能说是完整的）角度去思考这个主题。《枪炮、病菌与钢铁》简体中文版已出版。

- 凯伦·阿姆斯特朗. 神的历史（珍藏版）. 蔡昌雄，译. 海口：海南出版社，2013.
- 尼尔·弗格森. 货币崛起. 高诚，译. 北京：中信出版社，2012.
- 尼尔·弗格森. 文明. 曾贤明，唐颖华，译. 北京：中信出版社，2012.
- 托马斯·弗里德曼. 世界是平的. 何帆，肖莹莹，郝正非，译. 长沙：湖南科学与技术出版社，2015.
- 斯蒂芬·平克. 人性中的善良天使. 安雯，译. 北京：中信出版集团，2019.
- Hilda Hookham, *A Short History of China* (New York: New American Library, 1972)
- Barbara W. Tuchman, *The March of Folly: From Troy to Vietnam* (New York: Alfred A. Knopf, 1984)
- Fareed Zakaria, *The Post-American World* (New York: W.W. Norton, 2008)

创新者的密码

关于创新者的书：文艺复兴时期到 18 世纪

- Walter Isaacson, *Leonardo da Vinci* (New York: Simon & Schuster, 2017)

这本《列奥纳多·达·芬奇传》是关于生活在文艺复兴时期的达·芬奇的一生。因为他，我们对文艺复兴时期的人的印象都是贯通古今、多才多艺的。艾萨克森的这本书向我们展现了一个受好奇心驱使的发明家、艺术家和科学家的一生。即便达·芬奇的很多作品都是未完成的（这是他的一个习惯），他还是给我们的世界留下了不可磨灭的印记。《列奥纳多·达·芬奇传》简体中文版已出版。

- Ross King, *Brunelleschi's Dome: How a Renaissance Genius Reinvented Architecture* (New York: Bloomsbury, 2000)
- James Reston, Jr., *Galileo: A Life* (New York: HarperCollins, 1994)
- Dava Sobel, *Longitude: The True Story of a Lone Genius Who Solved the Greatest Scientific Problem of His Time* (New York: Walker, 1995)

关于创新者的书：19 世纪

- Janet Browne, *Charles Darwin: Voyaging* (Princeton, NJ: Princeton University Press, 1996)
  达尔文是个非凡的人物。虽然他最开始在科学研究的道路上也曾迷茫过，在贝格尔号环球航行中他晕船很严重，但他对科学理论的好奇心、一丝不苟的观察和记录最终帮助他发现了生命最基本的原理之一。
- David McCullough, *The Great Bridge: The Epic Story of the Building of the Brooklyn Bridge* (New York: Simon & Schuster, 2012)
- David McCullough, *The Path Between the Seas: The Creation of the Panama Canal, 1870—1914*(New York: Simon & Schuster, 1977)
- Witold Rybczynski, *A Clearing in the Distance: Frederick Law Olmsted and America in the 19th Century* (New York: Touchstone, 2000)

- Marc J. Seifer, *Wizard: The Life and Times of Nicola Tesla: Biography of a Genius* (New York: Citadel, 1998)
- Randall Stross, *The Wizard of Menlo Park: How Thomas Alva Edison Invented the Modern World* (New York: Three Rivers Press, 2007)

关于创新者的书：20 世纪

- David McCullough,*The Wright Brothers* (New York: Simon & Schuster, 2015)
  我特别喜欢麦卡洛写著的关于创新者和创新的书，尤其是这本《莱特兄弟》。莱特兄弟拥有激情、好奇心、不屈的意志和长远的愿景。他们致力于理解飞行的原理，飞行控制问题的解决成了他们获得成功的关键。
- 沃尔特·艾萨克森．史蒂夫·乔布斯传．管廷圻，魏群，余倩，赵萌萌，译．北京：中信出版社，2014.
- 沃尔特·艾萨克森．创新者．关嘉伟，牛小婧，译．北京：中信出版集团，2017.
- 迈克尔·马隆．三位一体．黄亚昌，译．英特尔传奇．杭州：浙江人民出版社，2015.
- 莱斯利·柏林．硅谷搅局者．王天，译．成都：四川人民出版社，2019.
- Andrew Hodges, *Alan Turing*: *The Enigma of Intelligence*(New York: HarperCollins, 1985)
- Michael S. Malone, *Bill & Dave*: *How Hewlett and Packard Built the World's Greatest Company* (New York: Portfolio, 2007)

最伟大的智力冒险

科学、数学和科技：历史及其发展

- Siddhartha Mukherjee, *The Emperor of All Maladies: A Biography of Cancer* (New York: Scribner, 2010)
  在这个板块下有很多不错的书，但穆克吉的《众病之王》十分让人着迷，这是一本关于癌症治疗历史的书，会让读者理解到癌症的本质以及推动医疗进步的困难之处。《众病之王》简体中文版已经出版。
- 比尔·布莱森. 万物简史. 亚维明，陈邕，译. 南宁：接力出版社有限公司，2017.
- 史蒂芬·霍金. 时间简史. 许明贤，吴忠超，译. 长沙：湖南科学技术出版社，2012.
- 侯世达. 哥德尔、艾舍尔、巴赫：集异璧之大成. 严勇，刘皓明，莫大伟，译. 北京：商务印书馆，1996.
- 丹尼尔·卡尼曼. 思考，快与慢. 胡晓姣，李爱民，何梦莹，译. 北京：中信出版社，2012.
- 悉达多·穆克吉. 基因传. 马向涛，译. 北京：中信出版集团，2018.
- 罗伯特·萨波斯，斑马为什么不得胃溃疡. 穆志山，译. 长沙：湖南科技出版社，2010.
- 纳特·西尔弗. 信号与噪声. 胡晓姣，张新，朱辰辰，译. 北京：中信出版社，2013.
- Manjit Kumar, *Quantum: Einstein, Bohr, and the Great Debate About the Nature of Reality* (New York: W.W. Norton, 2008)
- Leonard Mlodinow, *Euclid's Window: The Story of Geometry from Parallel*

Lines to Hyperspace(New York: Touchstone, 2001)

- Robert Sapolsky, *Monkeyluv: And Other Lessons on Our Lives as Animals* (New York: Vintage, 2006)
- Leonard Susskind, *The Black Hole War: My Battle with Stephen Hawking to Make the World Safe for Quantum Mechanics* (New York: Little, Brown, 2008)
- Lewis Thomas, *A Long Line of Cells: Collected Essays* (n.p.: Book of the Month Club, 1990)
- Neil deGrasse Tyson, *Astrophysics for People in a Hurry* (New York: W.W. Norton, 2017)

什么是值得过的人生

精彩的小说

- David Brooks, *The Road to Character* (New York: Random House, 2015)
  这也是个艰难的选择，因为在这个主题下也有很多内容很好且感人的书。我选择这本《品格之路》是因为它讲述了多个领导者的故事：从弗朗西斯·珀金斯到德怀特·艾森豪威尔。那些我认为很重要的领导力特质都能在布鲁克斯书中所写的人物中看到。
- 玛克斯·奥勒留．沉思录．梁实秋，译．南京：译林出版社，2012.
- 安妮·弗兰克．安妮日记．宁瑛，译．北京：商务印书馆，2017.
- 阿图·葛文德．最好的告别．彭小华，译．杭州：浙江人民出版社，2015.

- 保罗·卡接尼什. 当呼吸化为空气. 何雨珈，译. 杭州：浙江文艺出版社，2016.
- 兰迪·波许，杰弗里·托斯洛. 最后的演讲. 吴笑寒，译. 北京：南海出版公司，2018.
- 埃利·威塞尔. 黑夜. 袁筱一，译. 北京：南海出版公司，2018.
- Saint Aurelius Augustinus，*Confessions of Saint Augustine* (various editions; see, for example, London; New York: Penguin, 1961)
- Abraham Verghese, *My Own Country: A Doctor's Story* (New York: Simon & Shuster, 1994)
- Abraham Verghese, *The Tennis Partner* (New York: HarperCollins, 1998)
- Antheny Doerr, *Four Seasons in Rome: On Twins, Insomnia, and the Biggest Funeral in the History of the World* (New York: Scribner, 2007)

那些对我有深刻影响的小说家

- 但丁：《神曲》(*Divine Comedy*)，特别是其中的《地狱》(*Inferno*)一篇。
- 艾萨克·阿西莫夫（Isaac Asimov）：他的基地和机器人系列作品非常有意思，这些小说都讲述了在遥远的未来，这些东西对人类来说意味着什么。
- 简·奥斯汀：通过她的小说，我们能欣赏到作者优美的文字，能够体察到作者自身的个性。除此之外，我们能看到她对人类情感精妙的描写，特别是情感如何影响个体的决定。
- 勃朗特姐妹（The Brontë Sisters）：《简·爱》，《呼啸山庄》和《怀尔德菲尔府上的房客》(*The Tenant of Wildfell Hall*)。

- 威拉·卡瑟（Willa Cather）：一些关于美国西部的小说。
- 查尔斯·狄更斯：在他的书中我们能看到精美的语言，能体悟到他自身的性格，能读到他笔下的英国社会黑暗面故事。《双城记》至今是我最爱的小说之一。狄更斯对正义、爱情、坚韧和牺牲精神的讨论会一直流传下去。小说开头的第一句极其精妙。
- 西奥多·德莱塞（Theodore Dreiser）：他的小说展现了很多最终导致悲剧的个人选择。
- 乔治·艾略特（George Elliot）：本名玛丽·安·伊文斯（Mary Ann Evans），在她精美的小说中，我们能看到她善于描述人物复杂的性格和丰富的情感。
- 伊丽莎白·盖斯凯尔（Elizabeth Gaskell）：她的小说讲述了一系列关于工业革命时期穷人的悲凉生活以及爱情战胜一切的故事。
- 托马斯·哈迪（Thomas Hardy）：他的小说描绘了各种各样或正义或邪恶的行为，同时也讲述了邪不压正的故事。
- 弗兰克·赫伯特（Frank Herbert）：在他的“沙丘”（Dune）系列中，他用奇幻的方式描绘了一个充满着科技感的奇幻世界，同时他也展现了善、恶、领导力和个人牺牲精神等主题。
- 荷马：《伊利亚特》和《奥德赛》两书讲述了关于道德和伦理选择的一些故事。
- 维克多·雨果：他写了两部描绘邪恶、讲述正义终将胜利的伟大小说。
- 亨利·詹姆斯（Henry James）：关于浪漫、骄傲和人类心理学的小说。
- 安·兰德（Ayn Rand）：她描述了野心、自由企业和个人所得的重要性以及这些东西的消极影响（我是这么看的）。
- 莎士比亚：他通过喜剧、悲剧和历史剧将人类情感展现得淋漓尽致。

- 华莱士 · 斯蒂格（Wallace Stegner）：他不仅写就了很多关于美国西部的小说，同时还成立了“斯坦福大学创意写作项目”。
- 约翰 · 斯坦贝克（John Steinbeck）：他用幽默且感同身受的笔触讲述了很多关于人的性格和各种挑战的故事。
- J. 托尔金（J. Tolkien）：他的《魔戒》三部曲用极其创新和魔幻的方式讲述了关于正义和邪恶的、意味深长的故事。
- 安东尼 · 特罗洛普（Anthony Trollope）：他的小说，尤其是《巴塞特郡纪事》（*Chronicles of Barsetshire*），讲述了维多利亚时期英国的性别平等及其他社会问题。
- 马克 · 吐温：我们能读到他时而幽默、时而悲怆的语言。他可以说是美国最伟大的小说家。

译者跋

心件的力量

杨斌
清华经管领导力研究中心主任

《要领》，副标题是“斯坦福校长领导十得”——这十条，不仅仅是汉尼斯校长领导历程的心得，还是真要做个卓越领导者的“必得（děi）”，也就是说，要想领导工作卓有成效，这十条非得做到、做好不可，是要件，少不得。更准确地说，是最要害的“心件”（soul-ware）。

“心件”这个概念是香港城市大学郭位校长以“硬件”“软件”类比而来的，用来强调在不断发展的校园、教学设施、设备、财务资源等硬件与师资、政策等软件之外，教育所不可缺少的“教育者与教育相关人士的一种心态，一种专业精神和文化，一种行为习惯和思维模式，一种需要学习、沉淀的气质”。借由各种因缘，我跟郭位学长多次交流，学到很多，心件给我带来的启发和鞭策算是其中之一。

心件不只是之于教育机构才有作用的概念，它对于企业界、经济体乃至整个社会，都是值得镜鉴的。大学之间的分别、分层、分化，长期放眼，看得见的硬件、软件的影响可完善、能追赶，看不见的心件却往往是诸种力量中决定性的，它亦作用在人、财、物等硬件、软件上。学校如此，企业、组织、社会也大都如此。

《要领》是心件要义的写实版，以最鲜活实在的案例，道出了心件的十条理念。内容写的是心件，写作本身也用心。“他怎么写”这一行为本身，也是他所写的和传达给读者的。

这正是领导力的美好体现。领导行为本身并非只是手段，亦是目的，已是结果。心件并非只是为了育人而必备，心件本身就在育人。

这个思想，凡人生事都相通。以本书的翻译与中文版的面世而言，也是如此。

湛庐委托我来译介本书，可能看中了我对于教育与领导力两个领域都有的热爱。我请任玥来张罗初译，她亲自上手，有效带领，做过我的课程助教或是课程中的积极分子的黄钦、黄成、张凝果、唐韬、黄磊、贾亦伟、柯瑜萱、陈玥彤等各显身手，这些充满新生代领导力的小伙伴，承担了本书初译和内容核实的大量工作，与湛庐身经百战的高效团队相配合，让《要领》一书忠实地体现作者的思想和风格，并呈现出中文特有的美。这个过程，各位都极用心，也自有收获——把《要领》带给中文读者的同时，也得了领导力的更多濡染并实践。

在约请掌握“要领”的领导者们先读先评的过程中，姚期智、方星海、马化腾、姚明、邓锋、朱永新、孟晓驷、沈向洋、杨惠妍、周云帆、李一诺、程嘉树等各位师长、学长、学友专心批阅、倾心秉笔，所抒长短文字，充满领导智慧，并与正文相得益彰，对照去读别有趣味。更让我惊喜的是，在张林教授的联络支持下，与汉尼斯校长共同获得图灵奖的伯克利荣休教授大卫·帕特森也为本书中文版专门撰写了推荐序，他的视角尤其值得我们倾听。实事求是地说，于《要领》中文版的读者，这是比仅读原书更有分外收获的。在此再次感谢各方大家。

郭位校长说：心空教亦空。汉尼斯校长说：教育必须包括培养同理心、人性本质、情感联系和人文关怀，这些是人类能带来的而机器人、应用程序所做不到的。

确实如此，机器翻译的软件再先进，印刷或传播的硬件再发达，都改变不了一个本质——真正让好书穿越语言文化环境而使众生受益良多的，是心件的力量。

“犯其至难而图其至远”①，与大家共勉。

① 出自苏轼的《思治论》，意为“向至高至难的地方发起挑战，才能达到最远的目标，一个人敢于挖掘潜力，挑战极限，才能超越自我”。——编者注

参考文献

前言　领导力之旅

1. Robert K. Greenleaf, *Servant Leadership: A Journey into the Nature of Legitimate Power & Greatness*, 25th anniv. ed. (New York: Paulist Press, 2002), Chapter 1, 28-60.

2. John W. Gardner, *Living, Leading, and the American Dream* (San Francisco: Jossey-Bass, 2003), Part Two: "The Courage to Live and Learn," 41-112.

第 1 章　谦逊，有效领导力的基础

1. Warren Bennis, *On Becoming a Leader*, Rev. ed. (New York: Basic Books, 2003), Chapter 3, 91-108.

2. David Herbert Donald, *Lincoln*, 1st ed. (New York: Simon & Shuster, 1996), Chapters 9 and 19; Doris Kearns Goodwin, *Team of Rivals: The Political Genius of Abraham Lincoln*

(New York: Simon & Schuster, 2006), Chapter 3.

第 2 章　本色与信任，有效领导力的核心要素

1. Bennis, *On Becoming a Leader*, Chapter 2, 74-90; Bill George and Peter Sims, *True North: Discover Your Authentic Leadership*, 2nd ed. (San Francisco: Jossey-Bass, 2015), Chapter 4, 91-114.

2. Kevin Cashman, *Leadership from the Inside Out: Becoming a Leader for Life*, 3rd ed., rev. (Oakland: Berrett-Koehler, 2017), 193-194.

3. Cashman, *Leadership from the Inside Out*, 41-45.

4. Cashman, *Leadership from the Inside Out*, 51-53.

5. William Lee Miller, *Lincoln's Virtues: An Ethical Biography* (New York: Vintage, 2003), Chapters 8, 11, 14.

6. Condoleeza Rice, *Extraordinary, Ordinary People: A Memoir of Family* (New York: Three Rivers Press, 2011), 14-15.

第 3 章　服务型领导力，理解谁为谁工作

1. Greenleaf, *Servant Leadership*, Chapter 1, 29-61.

2. Greenleaf, *Servant Leadership*, Chapters 2, 4, 5, 6.

第 4 章　同理心，塑造领导者和组织的秘诀

1. Gardner, *Living, Leading, and the American Dream*, Chapter 16, 159-173.

2. Sara Josephine Baker, *Fighting for Life* (New York: New York Review, 2013 [1939]), Chapter 1, 24.

第 5 章　勇气，为组织与社区挺身而出

1. Gardner, *Living, Leading, and the American Dream*, Chapter 16, 159-173; George and Sim, *True North*, 122-130; Cashman, *Leadership from the Inside Out*, 103-117.

2. Bennis, *On Becoming a Leader*, Chapters 5 and 9.

第 6 章　合作与团队配合，一个人不能包打天下

1. Cashman, *Leadership from the Inside Out*, 23-25 (and elsewhere, scattered).

2. Bennis, *On Becoming a Leader*, "Introduction to the Revised Edition," 2003.

3. Greenleaf, *Servant Leadership*, Chapter 3, 81-115.

4. Bennis, *On Becoming a Leader*, 130-135.

第 8 章　求知欲，为什么终身学习至关重要

1. Bennis, *On Becoming a Leader*, Chapter 4.

2. David Hackett Fischer, *Washington's Crossing*, reprinted. (New York: Oxford University Press, 2006), 7-50.

第 9 章　讲好故事，愿景沟通

1. Cashman, *Leadership from the Inside Out*, Chapter 2, 70-77.

未来，属于终身学习者

我这辈子遇到的聪明人（来自各行各业的聪明人）没有不每天阅读的——没有，一个都没有。巴菲特读书之多，我读书之多，可能会让你感到吃惊。孩子们都笑话我。他们觉得我是一本长了两条腿的书。

——查理·芒格

互联网改变了信息连接的方式；指数型技术在迅速颠覆着现有的商业世界；人工智能已经开始抢占人类的工作岗位……

未来，到底需要什么样的人才？

改变命运唯一的策略是你要变成终身学习者。未来世界将不再需要单一的技能型人才，而是需要具备完善的知识结构、极强逻辑思考力和高感知力的复合型人才。优秀的人往往通过阅读建立足够强大的抽象思维能力，获得异于众人的思考和整合能力。未来，将属于终身学习者！而阅读必定和终身学习形影不离。

很多人读书，追求的是干货，寻求的是立刻行之有效的解决方案。其实这是一种留在舒适区的阅读方法。在这个充满不确定性的年代，答案不会简单地出现在书里，因为生活根本就没有标准确切的答案，你也不能期望过去的经验能解决未来的问题。

湛庐阅读App：与最聪明的人共同进化

有人常常把成本支出的焦点放在书价上，把读完一本书当作阅读的终结。其实不然。

时间是读者付出的最大阅读成本

怎么读是读者面临的最大阅读障碍

“读书破万卷”不仅仅在“万”，更重要的是在“破”！

现在，我们构建了全新的“湛庐阅读”App。它将成为你“破万卷”的新居所。在这里：

- 不用考虑读什么，你可以便捷找到纸书、有声书和各种声音产品；
- 你可以学会怎么读，你将发现集泛读、通读、精读于一体的阅读解决方案；
- 你会与作者、译者、专家、推荐人和阅读教练相遇，他们是优质思想的发源地；
- 你会与优秀的读者和终身学习者为伍，他们对阅读和学习有着持久的热情和源源不绝的内驱力。

从单一到复合，从知道到精通，从理解到创造，湛庐希望建立一个“与最聪明的人共同进化”的社区，成为人类先进思想交汇的聚集地，与你共同迎接未来。

与此同时，我们希望能够重新定义你的学习场景，让你随时随地收获有内容、有价值的思想，通过阅读实现终身学习。这是我们的使命和价值。

湛庐阅读App玩转指南

湛庐阅读App结构图：

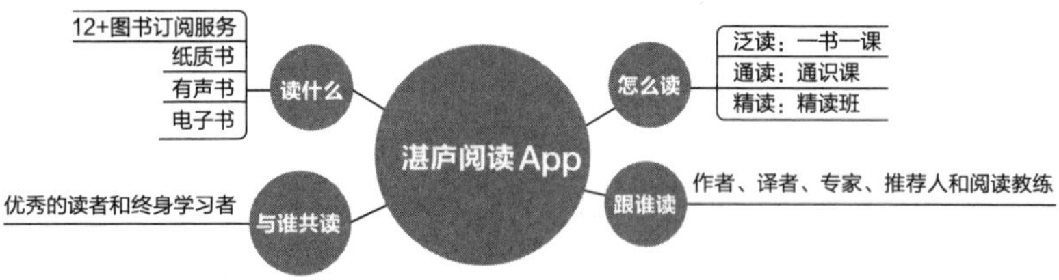

三步玩转湛庐阅读App：

读一读 ▼

湛庐纸书一站买，
全年好书打包订

听一听 ▼

泛读、通读、精读，
选取适合你的阅读方式

扫一扫 ▼

买书、听书、讲书、
拆书服务，一键获取

使用App扫一扫功能，
遇见书里书外更大的世界！

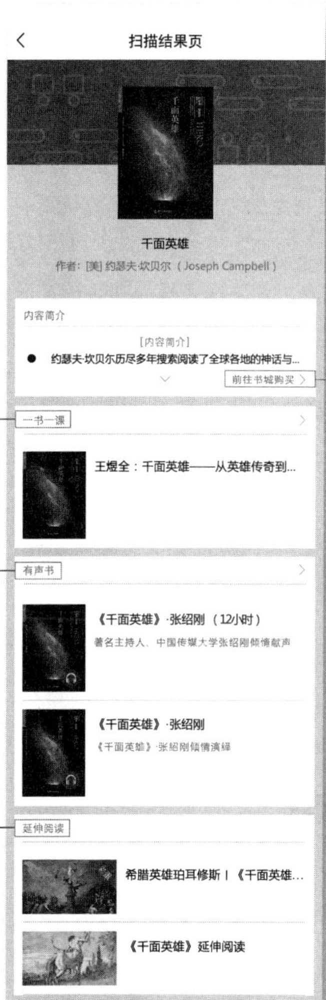

快速了解本书内容，
湛庐千册图书一键购买！

大咖优质课、
献声朗读全本一键了解，
为你读书、讲书、拆书！

你想知道的彩蛋
和本书更多知识、资讯，
尽在延伸阅读！

延伸阅读

《鞋狗》

◎ 关于跑步、跑鞋和创业，让正在创业的人们站立起来更有信心的书。

◎ 耐克创始人菲尔·奈特倾心力作，优客工场创始人毛大庆倾情翻译，精彩还原耐克“从0到1”的创业史话。

◎ 刘翔、李娜、柳传志、李开复、杨斌、徐小平、王强等倾力推荐！

使用“湛庐阅读”App，
“扫一扫”获取本书更多精彩内容
ISBN 978-7-5502-8446-3

《成为领导者》

◎ 领导力之父、组织发展理论先驱沃伦·本尼斯的领导力思想、理论与实践，具有广阔的历史视野、精微的人文情怀、如炬的全球前瞻。

◎ “卓越领导之道”书系沃伦·本尼斯经典四部曲的第二部，由清华大学杨斌教授主编，清华经管领导力中心研究员徐中博士领衔翻译并审校。

◎ 具有广泛影响力的著作，为领导者和想要成为领导者的人们标注了清晰的实现路径。大师虽已仙逝，但沃伦·本尼斯深邃的领导力思想将一直在管理界回响！

使用“湛庐阅读”App，
“扫一扫”获取本书更多精彩内容
ISBN 978-7-213-07626-

《伟大的挣扎》

◎ 哈佛商学院教授、《纽约时报》畅销书《沉静领导》作者小约瑟夫·巴达拉克又一力作。

◎《伟大的挣扎》的价值，尤其是对中国读者的价值在于，以独特的切入角度，深入领导者的内心世界，将大家常说的企业经营层面的困苦上升到学术层面来讨论。

◎ 优客工场创始人毛大庆、秦朔朋友圈发起人秦朔、松下集团前任总裁中村邦夫联袂推荐。

使用“湛庐阅读”App，
“扫一扫”获取本书更多精彩内容
ISBN 978-7-213-07292-

《管理工作的本质（经典版）》

◎ 全球管理学界享有盛誉的杰出管理思想家亨利·明茨伯格知名作品精装再现。

◎ 在这本奠定其管理大师地位的著作中，亨利·明茨伯格指出了4个对领导者的工作产生影响的变量，并将领导者的管理活动分为3大类别，在这3大类别中又将领导者的工作角色细分为10种。对于想了解领导者或想成为领导者的人来说，本书会是非常好的导师读物。

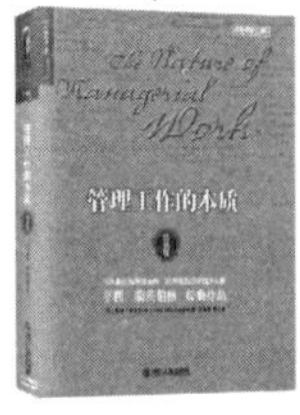

使用“湛庐阅读”App，
“扫一扫”获取本书更多精彩内容
ISBN 978-7-213-07795-

图书在版编目（CIP）数据

浙江省版权局
著作权合同登记号
图字:11-2018-458号

要领：斯坦福校长领导十得 /（美）约翰·汉尼斯著；杨斌等译. -- 杭州：浙江教育出版社，2020.2（2025.2 重印）

ISBN 978-7-5536-8313-3

Ⅰ. ①要… Ⅱ. ①约… ②杨… Ⅲ. ①高等学校－校长－领导能力－研究－美国 Ⅳ. ①G647.12

中国版本图书馆CIP数据核字(2019)第298009号

上架指导：管理 / 领导力

要领：斯坦福校长领导十得

［美］约翰·汉尼斯　著

杨斌 等　译

责任编辑： 余理阳
美术编辑： 韩　波
封面设计： ablackcover.com
责任校对： 刘晋苏
责任印务： 曹雨辰

出版发行： 浙江教育出版社（杭州市环城北路177号）
印　　刷： 唐山富达印务有限公司
开　　本： 880mm ×1230mm 1/32
印　　张： 10.75　　**字　　数：** 200 千字
版　　次： 2020 年 2 月第 1 版　　**印　　次：** 2025 年 2 月第 10 次印刷
书　　号： ISBN 978-7-5536-8313-3　　**定　　价：** 89.90 元

如发现印装质量问题，影响阅读，请致电 010-56676359 联系调换。